JN172360

ワークブック

はじめての子育て と 子育て支援

宇野 耕司 [著]

学術研究出版

はじめに

　本書はこれから子育ての主体となっていく大学生を対象として書かれています。ただし，本書を手にする人は大学生だけではありません。具体的には，子育てに関心のある人，親になった時の事前準備をしたい人たちや，将来，保育士，社会福祉士，教師，臨床心理士，保健師，助産師，ボランティアとして地域における子育て支援の担い手として活躍したい人たちです。このような人々の中で，初めて子育てや子育て支援について学ぶという人に必要な心理学的知識をより深く学べることを意図して作成されています。

　近年，子育ての社会的課題として児童虐待が注目され，その解決に向けて法律の改正，制度の施行，対人援助場面での様々な支援が試みられています。子育ては楽しいこともあるし，苦しいこともあります。そう考えると，養育者の子育ての心理・社会的負担感や困難感は避けられることはできません。そして，これらの負担感や困難感が解決されないまま，誰からも支援を受けないことで不適切な養育に至らざるを得ない状況があります。このような子育てに関する課題や問題はある特定の人だけに関係するものではなくすべての人に関係するものです。若い人で子育てに関心のある人はあまり多くいないかもしれません。年を重ねるごとに，現実感を伴って子どもや子育てに関心が向き始めるのではないでしょうか。そのような時に，本書で学んだことを思い出し，自らの主体的な子育ての実践につなげていっていただきたいと思っています。また，すでに子育て支援の実践を行っている人たちには，本書が実践のヒントになることを期待しております。

　本書は，主体的な学習に役立てるために，講義と演習を組み合わせたものとなっています。講義では各章の理論的背景について説明されています。演習では，いくつかのワークを用意しています。ワークは講義で学んだことをさらに深く理解するために自己を掘り下げるようなもの，他者の気持ち（考えと感情）を知るものなどが含まれています。このような構成にした理由は，本書を手にした人の学びが促進されることと，本書が心理教育的な子育て支援のテキストとして機能するように意図したためです。

　本書に取り組むことで導き出された答えは，必ずしも正しいものではないかもしれません。なぜなら，子育てに関する考え方は多様であるからです。子育ては保育学や教育学や社会福祉学の分野でも研究や実践が積み重ねられています。つまり，子育てという現象は学際的に取り組まれるものです。なので，正しい答えは一つだと決めつけないで，様々な視点から子育てを学んで欲しいと思っています。本書の引用文献や参考文献などを紐解くことで，相対的な視点が得られるきっかけになるでしょう。

　先にも述べましたように，子育ては学際的なテーマです。本書は子育てと子育て支援のすべてを網羅できているわけではありません。このような限界がありますが，将来，本書の執筆に携わる人たちが増えていくことを想像しながら，第2版の執筆に取り組みたいと思っています。

2016 年 3 月

著者　宇野耕司

本書の活用の仕方

　本書は子育てに関する心理学や子どもや養育者への支援を学ぶためのワークブックです。各章の多くは講義と演習で構成されています。講義内容を理解し，ワークに取り組むことでさらに理解を深めていくことをねらいとしています。

　各章は大学の授業に合わせて 90 分で進行できるように書かれています。章ごとに講義とワークに割く時間は異なっています。本章を用いる講師が柔軟な授業展開ができることを期待しています。したがって，本書を用いる講師によっては順番が前後したり，本書を副読本的な用い方をしたりする場合もあるでしょう。

　学習者は，まず，事前に本書を読んでおきます。それから講義を受け，内容の理解を深めます。初めて聞く言葉（専門用語）の意味を理解しましょう。講義を聴きながら具体的な現実場面に置き換えてみましょう。自分の周囲に起きていることと引き付けて考えてみましょう。

　次にワークに取り組みます。ワークで指示されたことを理解し，積極的に取り組みましょう。ワークは講義によって得られた知識をさらに深めるために用意されています。頭と心を使って行います。また，時に学習者同士でワークの内容をディスカッションします。ディスカッションすることでわかったこと，わからなかったことが明確になります。さらに子育てに関する多様な考え方を知る機会にもなるでしょう。

　授業後，わかったこと，わからなかったことをリストに挙げてみましょう。わからなかったことにそのままにせずに参考文献などを調べてみましょう。

　なお，本書に登場する事例は，本書の目的に合わせて創作されたものです。

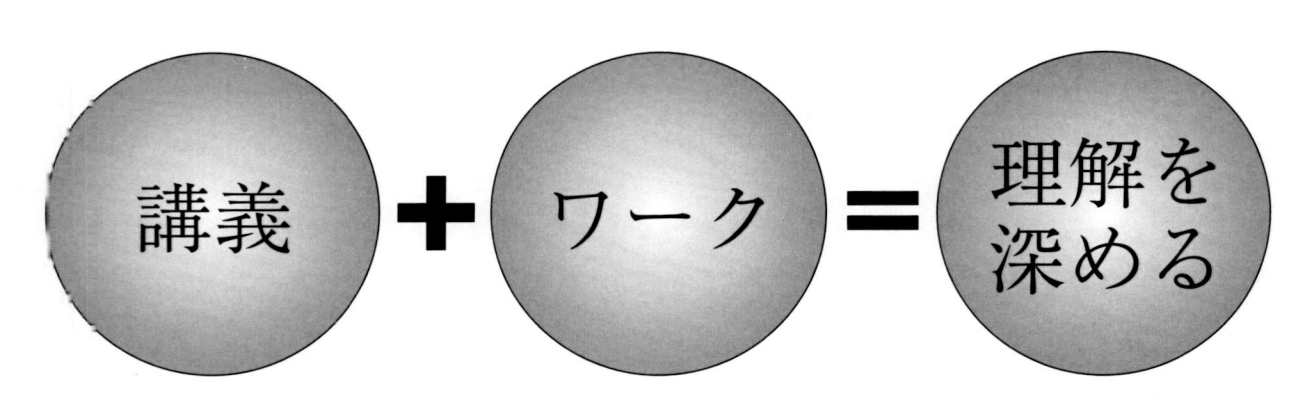

子どもや養育者を
支援するための知
識が説明されてい

各章のテーマに
沿ったものを用意
しています。

もくじ

第1章

はじめての子育てと子育て支援

本章の概説

　この章は全体に関するガイダンスとなっています。本書が想定している読者の範囲，講義用テキストとして使用された場合のコースの目標，本書からどのようにして学ぶのかについて説明しています。

　本章の最後に，導入課題として，自分自身の価値観を見直すワークを入れてあります。チャレンジしてみましょう。きっと新たな発見があるはずです。

1 はじめての子育てと子育て支援

1-1. 講義

1-1-1. 本書の読者

　本書はこれから子育ての主体となっていく大学生を対象として書かれています。本書を手にする人は，子育てに関心のある人，親になった時の事前準備をしたい人といった人たちや，将来，保育士，社会福祉士，教師，臨床心理士，保健師，助産師，ボランティアとして地域における子育て支援の担い手として活躍したい人たちです。このような人々の中で，初めて子育てや子育て支援について学ぶという人に必要な心理学的知識をより深く学べることを意図して作成されています。

　本書を用いて学ぶ人を仮に「子育て支援入門コース」の一員としてとらえてみましょう。

1-1-2. コースの目標

　ワークブック「はじめての子育てと子育て支援」は次の3つをメインテーマにしています（図1-1）。一つ目は，「子育て」を多角的にとらえられるように，現代の子育ての状況を知る。二つ目は，将来，受講生が子どもを得た時や子どもと関わる際に役立つ知識を得る。三つ目は，現代の「子育て」の課題や問題を考えて理解することで，社会への関心をひろげる。これらの3つのテーマに関連する知識について理解していきます。これらのテーマは大きなテーマです。このような大きなテーマを理解するためには，知識を積み上げていく必要があるでしょう。そして，本書を手にする人の最終目標は，「子育ての課題や問題を自分なりに考え，かつ解決に向けて実践していけるための基本的知識を得る」ことです。本コースを修了した時，上記のような状態になっていることが期待されています。以上のような目標を共有し，学びを深めていきましょう。

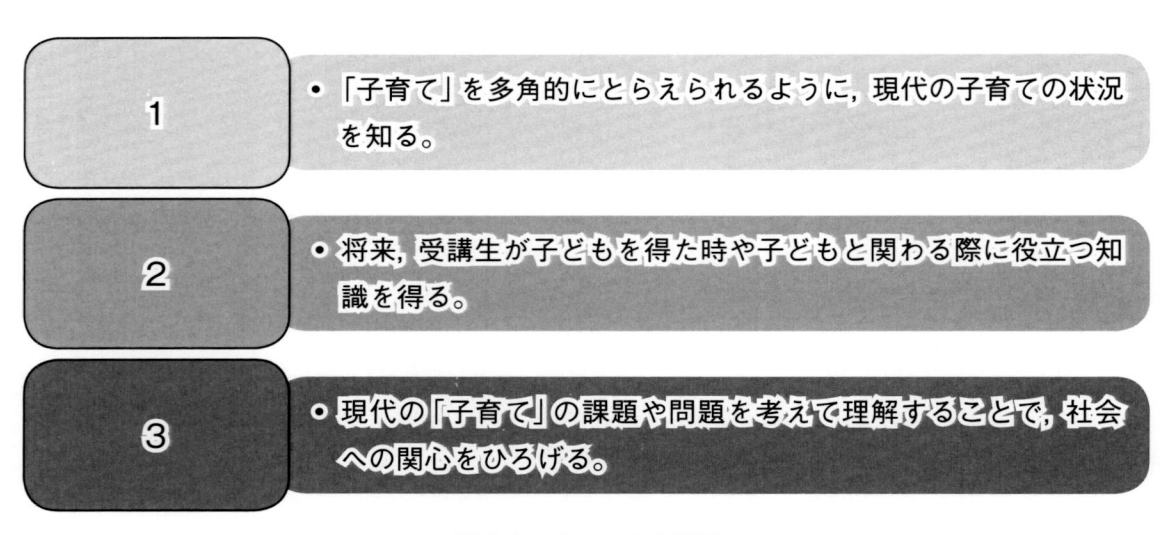

1 ・「子育て」を多角的にとらえられるように，現代の子育ての状況を知る。

2 ・将来，受講生が子どもを得た時や子どもと関わる際に役立つ知識を得る。

3 ・現代の「子育て」の課題や問題を考えて理解することで，社会への関心をひろげる。

図 1-1　本コースの目標

1-1-3. 本コースの概要

　目次をご覧ください。各章のテーマは多岐にわたっています。子育ては学際的なテーマです。つまり，様々な専門領域の研究者や実践家がそれぞれの立場から研究や実践に参加しています。著者に臨床心理士であり社会福祉士であります。ですから，臨床心理学や社会福祉学を理論的背景として実践に携わっています。これら2つの学問の裾野は広いものです。子育てに関するすべてのテー

マを本書に盛り込むには筆者一人では限界があります。このようなことから，本書は著者の実践活動に関心のあるテーマが選ばれています。

■■「**第 1 章　はじめての子育てと子育て支援**」

本コースの概要について説明します。これから14回に渡って子育てと子育て支援を学んでいきます。皆さんの期待に応え得る内容かどうか皆さんが適切に判断できるために必要な説明になります。

■■「**第 2 章　子育て支援のニーズと課題①**」

子育て支援がなぜ求められているのかについて学びます。特に，子育ての負担感や育児不安，児童虐待ついて学びます。

■■「**第 3 章　子育て支援のニーズと課題②**」

子育て支援がなぜ求められているのかについて学びます。特に，家庭内暴力（DV：Domestic violence），不妊などについて学びます。

■■「**第 4 章　家族のライフサイクルと成人期の課題①**」

子育ては家族の営みでもあり，その家族を理解する視点の一つに家族ライフサイクルという家族心理学や家族療法の考え方があります。成人期と家族ライフサイクルについて学びます。

■■「**第 5 章　家族のライフサイクルと成人期の課題②**」

成人期と家族ライフサイクルについて学びます。

■■「**第 6 章　恋愛から子育てへ**」

恋愛関係から子育てを担う関係への連続性について学びます。

■■「**第 7 章　親となることによる発達**」

発達心理学の関心である親となることによる人格の発達について学びます。

■■「**第 8 章　出産前後の子育て支援サービス**」

子どもを産む前後に必要な子育て支援サービスについて学びます。

■■「**第 9 章　保育サービス**」

子どもを預けることのできる保育サービスについて学びます。

■■「**第 10 章　地域子育て支援拠点における子育て支援**」

主に0歳から3歳までの子どもを持つ家庭を対象とした地域子育て支援拠点における支援について学びます。

■■「**第 11 章　カウンセリングにおける子育て支援**」

子育て支援におけるカウンセリングの意義と実際について理解します。

■「第12章　心理教育的アプローチによる子育て支援①」
　子育て支援のアプローチ方法の一つに心理教育というものがあり，その概要について学びます。

■「第13章　心理教育的アプローチによる子育て支援②」
　実際に心理教育プログラムを体験します。

■「第14章　子育てを支える社会作りへ」
　子育てが個人の営みという側面だけでなく社会的営みでもあることを理解し，地域で展開されている子育て支援の必要性を理解します。

　最後に，本コースの全体を振り返りつつ，本書を手にする人の最終目標である「子育ての課題や問題を自分なりに考え，かつ解決に向けて実践していけるための基本的知識を得る」ことができているか確認します。
　以上のような目標とコースの概要を共有し，学びを深めていきましょう。

1-1-4. 体験的学習の循環過程

　体験的学習の循環過程とは，「人は，様々な体験をし（Do），体験したことをふり返り（Look），成功したことや失敗したことを既得の知識や新たな情報に従ってまとめ，仮説化し（Think），それらを新たな状況に適用して（Grow），更なる体験（Do）へとつないでいく」とされています（平木，2006）。これは，学習者がどのように学習していくのかについてのモデルを示したものです。
　体験とは，講義やワークに参加することを言います。講義やワークで体験したことを振り返って，自分や周囲の出来事に引き付けて考え，「もし○○ならば，□□かもしれない」というように現実場面に適用していくことを考えます。そして，考えたことを実際に適用してみます。適用したということは何らかの体験をしていることになります。このように学習を捉えると，循環的な学習であることがわかります。そして，このような循環は授業時間中だけに生じるのではなく，一日の内，残りの22.5時間の間に生じうることを示しています。では，あなたはどのような学びの過程をたどるのでしょうか？
　仮説化を行うヒントは次のような質問を自分自身に課すことです。一つ目は「○○とは何か？」という質問です。二つ目は「なぜ○○と言えるのか」という質問です。2つの質問をすることによって学びが深まるでしょう。

　以下の図の（　）中に体験的学習の循環過程の日本語のキーワードを書き込みましょう。

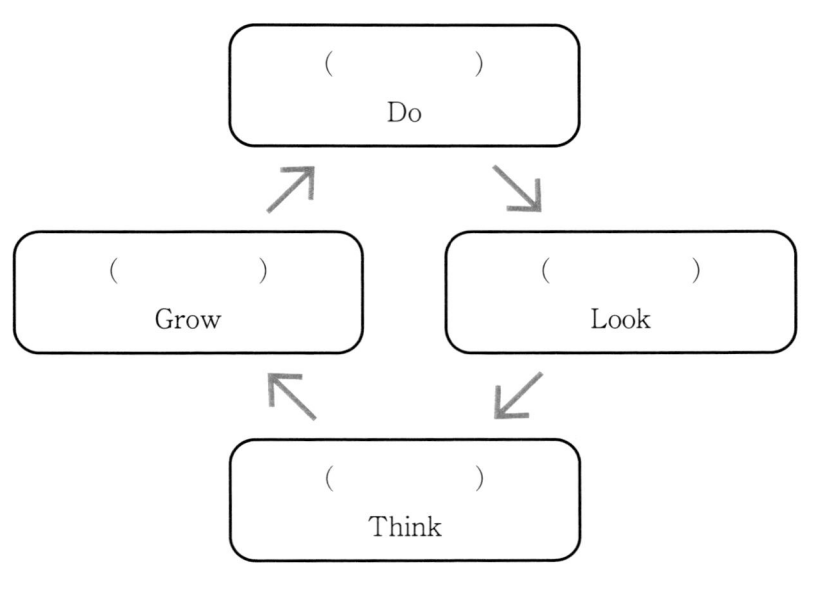

図 1-2　体験的学習の循環過程

1-1-5. 学習の方法

　本書の活用の仕方で説明したことをもう一度おさらいしましょう。

　事前に本書を読み, 講義内容を理解します。初めて聞く言葉（専門用語）の意味を理解しましょう。講義を聴きながら具体的な現実場面に置き換えてみましょう。自分の周囲に起きていることに引き付けて考えてみましょう。

　次にワークに取り組みましょう。ワークで指示されたことを理解し, 積極的に取り組みましょう。ワークは講義によって得られた知識をさらに深めるために用意されています。頭と心を使って行います。また, 時に学習者同士でワークの内容をディスカッションします。ディスカッションすることでわかったこと, わからなかったことが明確になります。さらに子育てに関する多様な考え方を知る機会にもなるでしょう。

　授業後, わかったこと, わからなかったことをリストに挙げてみましょう。わからなかったことはそのままにせずに引用文献などを用いて調べてみましょう。

1-2. ワークA 「あなたにとって無くなったら困る大切なもの／ことは何ですか?」

― 事 例 ① ―

20代前半で思わぬ妊娠をしたA子さん。同じく20代前半のB男さんと結婚することになりました。二人とも子育ての経験などなく不安でいっぱいです。そんな状態でも生まれてくる自分の子どもを大切に育てたいと思っています。しかし,二人とも将来の子育てについてイメージを共有することができません。

子育てのことだけでなく,それぞれの生活に対する考え方の違いが明白で共同生活がうまくいきません。子育ての準備のために二人の価値観を知ることが重要です。では,この二人が生活に対して大切にしているものやことは何でしょうか?

◉ ワークの目的

自分の生活や子育てに対して大切にしているものやことを確認しましょう。本書を読み終えた後,自分自身の意識が変化しているかどうか,比べるとおもしろいですね。

◉ ワークの方法

やり方は,以下のようになります。**Wify**(What is important for you?)という方法です(Moriayma et al., 2001;守山, 2002)。これは,「参加者の生活世界を,参加者の言葉で語ってもらうためのもの」です。

できあがったら,隣の人と見せ合いっこをしてみましょう。自己紹介のつもりで。

ステップ1

ステップ1のワークシートに以下の質問の答えを書き込みましょう。

- 「あなたの一日(朝,午前中,昼,午後,夕方,夜)を思いめぐらせたとき,あなたにとって無くなったら困る大切なもの／ことは,何ですか?」
- 「あなたの地域(家,隣近所,学校や職場,よく行く所)を思いめぐらせたとき,あなたにとって無くなったら困る大切なもの／ことは,何ですか?」
- 「あなたの子育てにとって,無くしたら困る大事なものや大事なことは何ですか?」

書き込むときの注意点
- 何を書いてもかまいません,正しい答えはありません。
- 言葉でなくても絵にしてもよいです。
- あなたが書くことが正解です。
- 書けなくなったら一休み,「本当にこれだけか?」と自問します。
- 書けなくても大丈夫です。

ステップ1のワークシート

Wify（what is important for you?）

 **Wify3** では　あなたの「子育て」にとってなくしたら困る大事なものや大事なことは何ですか？（子どものいない方は，あなたが，子どもを育てる立場に立ったとして考えてみてください）

 **Wify2** あなたが住む近隣，職場（学校），地域を思い起こしてください。そこでなくなったら困る大事なものや大事なことは何ですか？

 **Wify1** 朝起きてから夜ねるまでのあなたの一日を思い起こしてください。そこでなくなったら困る大事なものや大事なことは何ですか？

Start

ステップ2

- Wifyを書き終えたら，下から順番（1，2…）に読み返します。
- 言葉を繰り返すことで，イメージがわいてくるのを見守ります。
- 声に出さなくていいです。

ステップ3

- 次に，隣の人，別の人に「あなたにとって無くなったら困る大切なもの／ことは何ですか？」と質問します。
- ワークシートを見せてもらって，なぜ，それを書いたのか相手の説明を聞いてみましょう。
- 相手の人の説明を聞いたら，今度は自分の書いたことを説明しましょう。

共有の注意点
- どうしても見せたくない人は，見せないでいいです。無理はしないで下さい。
- 同じことを書いた人，違うことを書いた人，それぞれであってよいのです。

ステップ4

Wify をやってみて「気がついたこと」をお書きください。

※　本ワーク及びワークシートを作成する際に，Moriyama et al.（2001）を参考にさせてもらいました。

（回答）
図 1-2：体験，ふり返り，仮説化，適用

第2章
子育て支援のニーズと課題①
：負担感・不安感および児童虐待

本章の概説

　子育ては「社会的問題である」と言われても直感的に分らないかもしれません。しかし，子育てと社会とは切り離せない関係にあります。例えば、児童虐待をご存知でしょうか？児童虐待は個人の問題としてだけでなく、社会問題として考えられています。近年、児童虐待等の問題を解決するために、社会が子育てを支援していこうという考えが広まってきています。つまり，子育ては社会的支援が必要な営みなのです。

　本章では，子育て支援がなぜ必要なのかについて子育ての負担感と不安感や虐待を題材にして考えていきましょう。

② 子育て支援のニーズと課題①：負担感・不安感および児童虐待

2-1. 講義

2-1-1. 目的

　ここでは，子育てにおける課題とニーズがどのようなものかを知り，子育て支援の必要性を理解します。

　なぜ，「子育て」を支援する必要があるのでしょうか？子育て支援とは何か？子育て支援の目的とは何か？なぜ，子育て家庭に支援が必要なのか？

　次のキーワードに関して学んでいきましょう。子育ての「**負担感・不安感**」，「**児童虐待**」です。

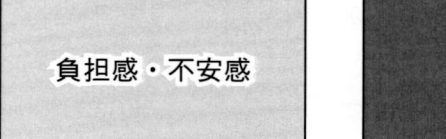

図 2-1　子育ての課題の例

2-1-2. 子育て支援とは

「子育て支援」とは，次のように定義されています（表 2-1）。

表 2-1　子育て支援の定義の例

定義の内容	引用元
「児童が生まれ，育ち，生活する基盤である親及び家庭における児童養育の機能に対し，家庭以外の私的，公的，社会的機能が支援的にかかわること。」	柏女 (2003)
「①親を子育ての主体者として位置づけ，②社会のすべての人が協力することによって，③親が安心して子育てすることを支え，同時に④子どもの健やかな成長を促すもの。」	太田 (2002)
「子育てという営みあるいは養育機能に対して，私的・社会的・公的機能が支援的にかかわることにより，安心して子どもを産み育てる環境をつくるとともに，子どもの健やかな育ちを促すことを目的とする営みである。」	大豆生田 (2006)

2-1-3. 負担感や不安感とは？

　口村 (2007) は，財団法人家庭保健生活指導センターの協力を得て，全国の流通店舗内の各母子保健相談室 (244 箇所) を訪れた 3 歳未満の子どものいる親 5 人を選んでもらい対象とした (推定合計 1220 人) の調査を行っている。それによると，次のようなことが分かっています。

● **子どもを育てるのは楽しい**

　多くの親は子育てが楽しいと思っています。特に，子どもが一人で乳児の場合，楽しいと答えている人が多いです。ただし、楽しいと答えていない人がいることにも注目しよう。

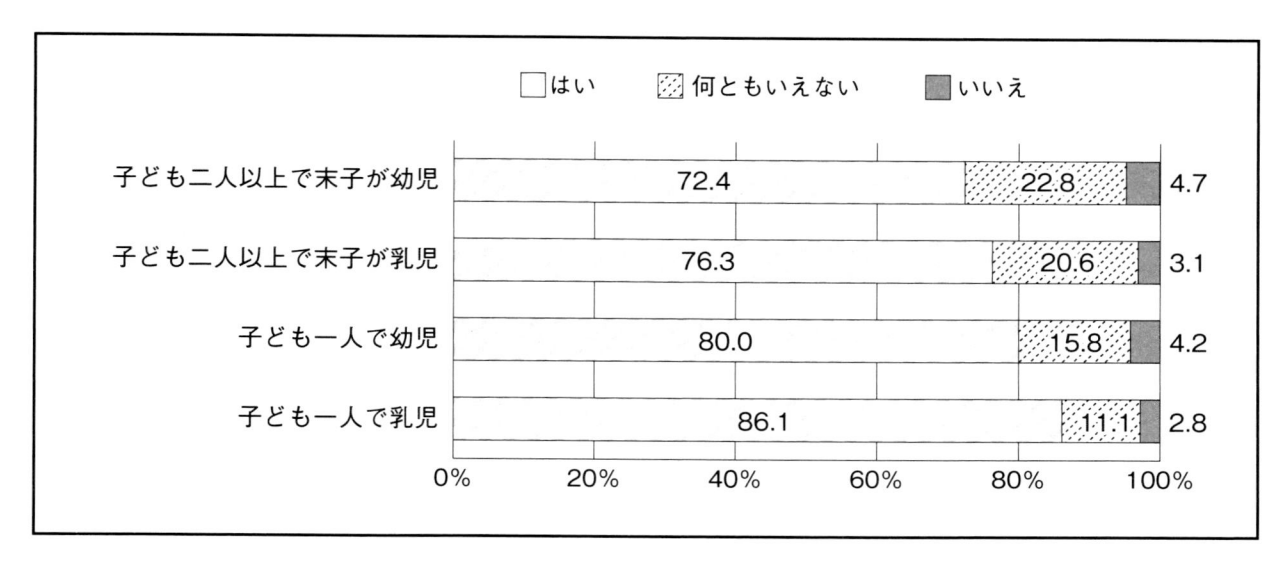

図 2-2　子どもを育てるのは楽しい

● **自分自身の子育てに満足している**

　子育てに満足しているかといえば，回答した人のおよそ半分の人が「満足している」と答えています。満足しているとは言えない人がいることにも注目しよう。特に子どもが二人以上になってくると満足している人が少なくなる傾向があります。

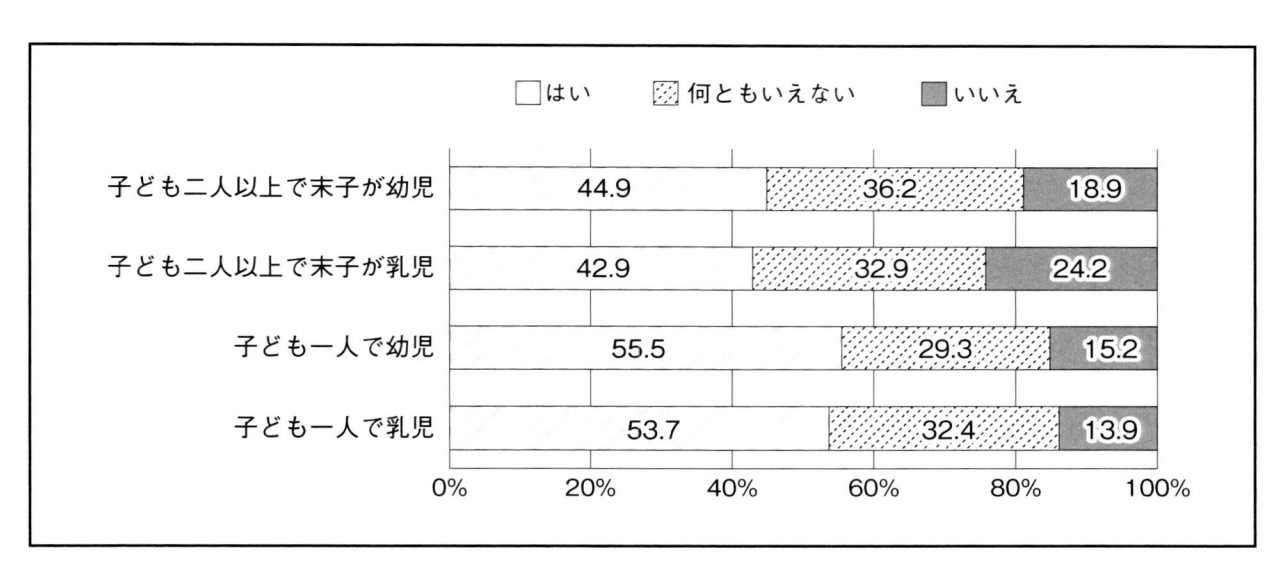

図 2-3　（総合的に見て）自分自身の子育てに満足している

● **子どもの世話をするのが嫌になることがある**

　子どもが一人で乳児と子どもが二人以上の場合と比較すると，前者の方が子どもの世話を嫌になる

21

ことがあまりないようです。子どもの数や子どもが大きくなるにつれて嫌になることがあるようです。

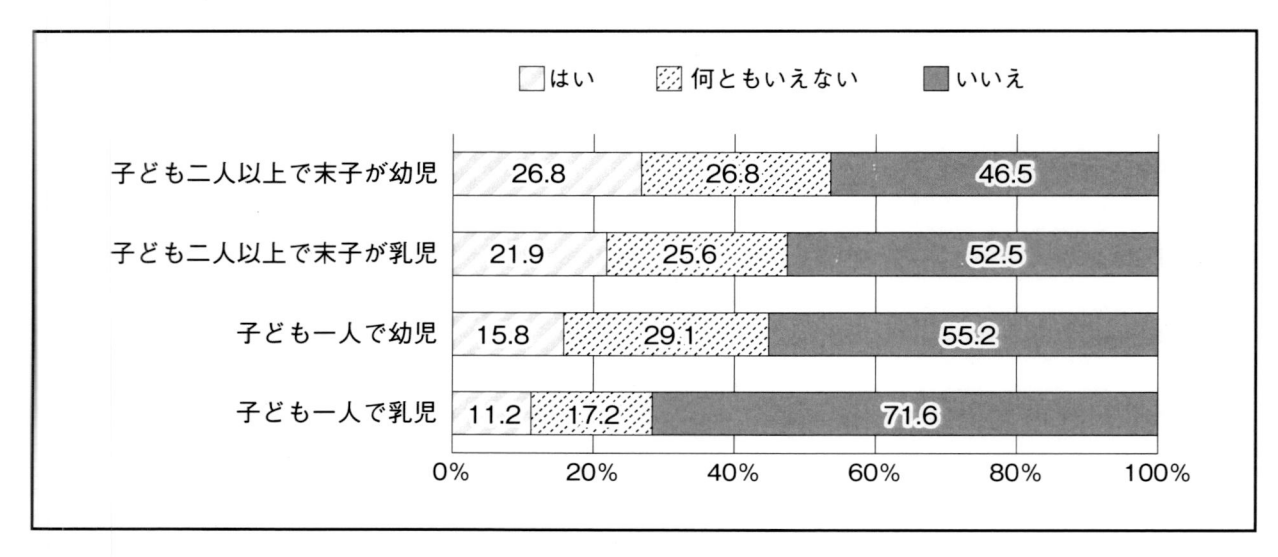

図 2-4　子どもの世話をするのが嫌になることがある

（※　四捨五入のために総計が 100%にならない）

◉ 自分はときどき子どもを虐待しているのではないかと気になる

子どもが一人で乳児と子どもが二人以上の場合と比較すると，前者の方が子どもを虐待しているのではないかと気にしているようです。子どもの数や子どもが大きくなるにつれて虐待しているのではないかと気にしている人が多くなるようです。しかし，回答者の半分以上の人は虐待をしているかどうか気になっていません。

回答者に「虐待とはどのような行動を指すのか」についての知識があるのとないのとでは，回答の意味が異なります。また，自分が虐待をしているという認識を質問しているわけではないので，回答者が虐待者であると決めつけてはなりません。むしろ，「虐待をしているのではないか」という虐待不安ともいうべきものが回答者である親の中にあると考えることで，そのような親に対してどのような支援が必要かを検討できるでしょう。

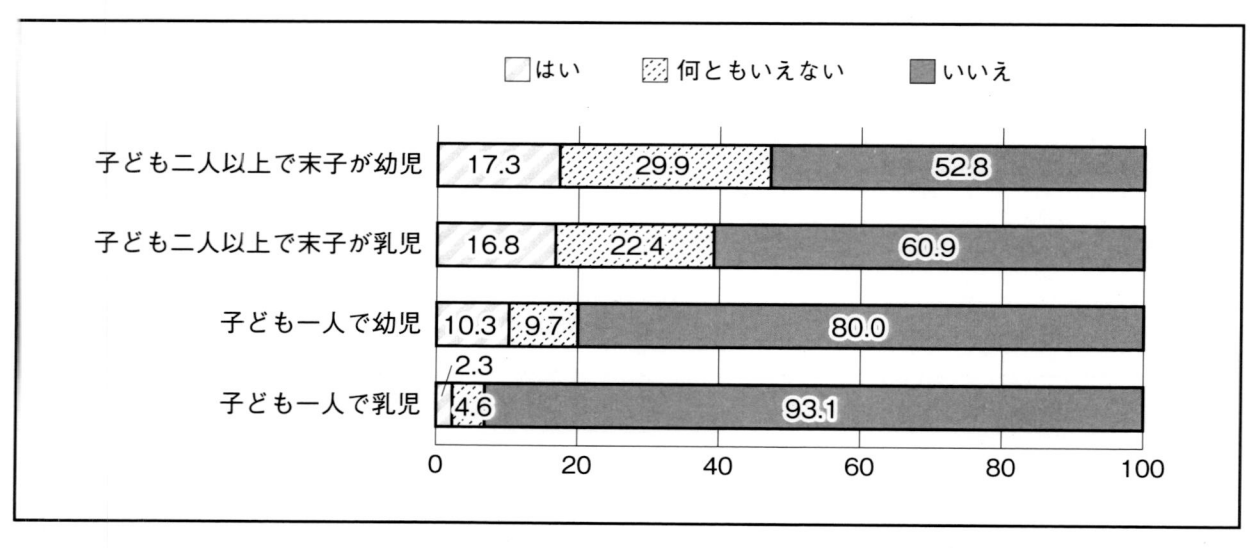

図 2-5　自分はときどき子どもを虐待しているのではないかと気になる

（※　四捨五入のために総計が 100%にならない）

　以上をまとめると，子育てにおける肯定的な感情と否定的な感情の両方を持ちながら子育てをしているようです。「子育ては楽しい」と思うと同時に「子育てが嫌になり，虐待しているのではないかと気にする」ことがあります。このような**負担感**や**不安感**は「子育ての体験があまりない親」である場合，抱きがちです。また，このような負担感や不安感が解決されないで放置されていると子育てや子どもへの否定的な感情をますます募らせてしまうことがあります。だから，サポートが必要です。

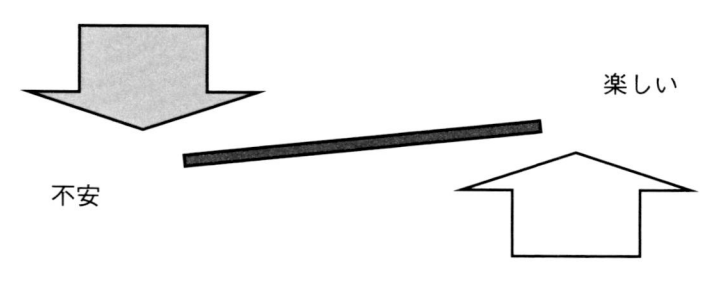

図 2-6　楽しさと不安感のせめぎ合いのイメージ

　専業主婦層に多いのが子育てのストレスと不安感です。これは，子どもにつきっきりになりがちなためです。いわゆる密室育児の弊害と呼ばれています。**密室育児**とは一人で子育てをしている状況です。皆さんは一人で 24 時間育児をしている状態を想像できますでしょうか？子育てに強く負担を感じている人は 24 時間つきっきりで子育てをしていると感じています。特に，双子など一度に 2 倍以上の負担感がかかる場合，生まれてきた子どもに病気や障害がある場合，経済的な余裕がなく，子育てのサポートが得られない場合など負担感が強くなりがちです。

　一方，共働き家庭では，子育てと仕事との両立ができないことによるストレスがあります。子どもを得たことによってそれまでの生活のやり方を変えないでいると，夫婦関係が悪化することがあります。

　ストレスそのものが悪いというよりも，ストレスが蓄積され，解決されないままであることが問題です。未解決の生活上の**ストレス**が蓄積され，個人の対処方法では解決されないとき，**不適切な養育**（大声で怒鳴る，無視するなど）が生じることがあり，行動がエスカレートし，日常的な虐待に至ると考えられます。

　以下の図の空欄の入る適切な用語を書きましょう。

図 2-7　虐待の発生要因

2-1-4. 児童虐待

　児童虐待は Child abuse を翻訳したものです。abuse の意味は物質乱用 という用語にも使われているように，「乱用」という意味です。つまり，子どもを乱用することを言います（西澤，1994）。ま

た，子どもに対する不適切な養育を意味する**マルトリートメント**（Child maltreatment）という言葉もあります。

　児童虐待は法律で定義されています。このように法律で定義されていることよりも広い意味で子どもに対する不適切な養育を意味する言葉がマルトリートメントです。

　では児童虐待とはどのようなことなのでしょうか？次の4種類の虐待があります。身体的虐待と心理的虐待とネグレクトと性的虐待です（厚生労働省，2013）。

表 2-2　児童虐待の定義（厚生労働省，2013）

虐待の種類	定義の内容
身体的虐待	・打撲傷，あざ（内出血），骨折，頭蓋内出血などの頭部外傷，内臓損傷，刺傷，たばこなどによる火傷などの外傷を生じるような行為 ・首を絞める，殴る，蹴る，叩く，投げ落とす，激しく揺さぶる，熱湯をかける，布団蒸しにする，溺れさせる，逆さ吊りにする，異物をのませる，食事を与えない，戸外にしめだす，縄などにより一室に拘束するなどの行為 ・意図的に子どもを病気にさせる，など
心理的虐待	・ことばによる脅かし，脅迫など ・子どもを無視したり，拒否的な態度を示すことなど ・子どもの心を傷つけることを繰り返し言う ・子どもの自尊心を傷つけるような言動など ・他のきょうだいとは著しく差別的な扱いをする ・配偶者やその他の家族などに対する暴力や暴言 ・子どものきょうだいに身体的・ネグレクト・性的虐待行為を行う，など
ネグレクト	・子どもの健康・安全への配慮を怠っている ・子どもの意思に反して学校等に登校させない。子どもが学校等に登校するように促すなどの子どもに教育を保障する努力をしない ・子どもにとって必要な情緒的欲求に応えていない（愛情遮断など） ・食事，衣服，住居などが極端に不適切で，健康状態を損なうほどの無関心・怠慢 ・子どもを遺棄したり，置き去りにする ・祖父母，きょうだい，保護者の恋人などの同居人や自宅に出入りする第三者が身体的・心理的・性的虐待行為を行っているにもかかわらず，それを放置する，など
性的虐待	・子どもへの性交，性的行為（教唆を含む） ・子どもの性器を触る又は子どもに性器を触らせるなどの性的行為（教唆を含む） ・子どもに性器や性交を見せる ・子どもをポルノグラフィーの被写体などにする，など

厚生労働省（2013）を筆者が一部改編

● 虐待の背景にある主要な問題

　子ども虐待対応の手引き（厚生労働省，2013）によると，発生予防が重要とされています。虐待の

発生を予防するためには虐待のリスク要因について理解する必要があります。リスク要因は，保護者側のリスク要因，子ども側のリスク要因，養育環境のリスク要因の3つに整理されています。以下，厚生労働省 (2013) を参照して見ていきましょう。

　保護者側のリスク要因には，妊娠，出産，育児を通して発生するものと，保護者自身の性格や精神疾患等の身体的・精神的に不健康な状態から起因するものがあります。妊娠，出産，育児を通して発生するリスク要因は，妊娠そのものを受容することが困難な望まぬ妊娠や10代の妊娠です。また，望んだ妊娠であったとしても，妊娠中に早産等何らかの問題が発生したことで胎児の受容に影響が出たり，妊娠中又は出産後に長期入院により子どもへの愛着形成が十分行われない場合があります。さらに，保護者が妊娠，出産を通して**マタニティブルーズ**や**産後うつ病**等精神的に不安定な状況に陥ったり，元来性格が攻撃的・衝動的であったり，医療につながっていない精神障害，知的障害，慢性疾患，アルコール依存，薬物依存等がある場合や保護者自身が虐待を受けたことがあるなど，リスクと考えられています。特に，保護者が未熟である場合は，育児に対する不安やストレスが蓄積しやすいと考えられています。

　子ども側のリスクとして考えられることは，乳児期の子ども，未熟児，障害児，何らかの育てにくさを持っている子ども等であることです。言い換えると，力のない，立場の弱い子どもであることがリスク要因と言えるでしょう。

　養育環境のリスク要因として考えられるものは，未婚を含む単身家庭，内縁者や同居人がいる家庭，子ども連れの再婚家庭，夫婦などの人間関係に問題を抱える家庭，転居を繰り返す家庭，親族や地域社会から孤立した家庭，生計者の失業や転職の繰り返し等で経済不安のある家庭，夫婦の不和，配偶者からの暴力等の不安定な状況にある家庭です。また，妊娠中であれば定期的な妊婦健康診査を受診しない等の胎児及び自分自身の健康の保持・増進に努力しないことが考えられます。出産後であれば，定期的な乳幼児健康診査を受診しない等が考えられます。

　以上みてきたような要因が複合することで虐待に至りやすくなります。例えば，ネグレクトについて考えてみましょう。ネグレクトは慢性的な養育放棄状態です。養育者が精神疾患の一つ鬱病に罹っている場合，気分の落ち込みや意欲の減退，希死念慮などの症状を抱えながら生活をすることになります。このような中で，自分のことですらケアできない状態なのに，子どもの世話まで手が回らないことがあります。養育者としては子どもの世話をしたいと思いながらも，鬱の症状のため世話ができない状態です。また症状がひどければ，養育者は仕事に行けず失業するかもしれません。失業すれば経済的に困ります。

◉　虐待の帰結

　子どもへの不適切な養育や虐待は，子どもの成長・発達に否定的な影響を及ぼします。例えば，ネグレクト状態の場合，3度の食事を満足に食べることができないことから身長が伸びない子どもがいます。入浴の機会も少なくなり不潔な状態の子どもがいます。このような生活状態を続けることで，基本的生活習慣が身につかないことがあります。歯が虫歯だらけの子どもがいます。適切な養育環境ではないために，十分な知的能力が発達しない子どもがいます。また，学習習慣も身につきにくく，低学力の子どもがいます。さらに，周囲からのいじめに合うなどによって，自分のことを大丈夫だと肯定できない子どもがいます。

　以上のような子ども時代からの**逆境体験**（虐待，親の精神疾患，家庭な暴力，身内に犯罪者がいるなど）が多いほど，大人になってからの健康障害につながりやすいという研究結果もあります（例えば，Felliti et al., 1998）。次の図 2-8 には子ども時代の逆境体験の数が多い人ほど，健康上のリス

クを負いやすいという結果です。最悪な状態が早死にです。

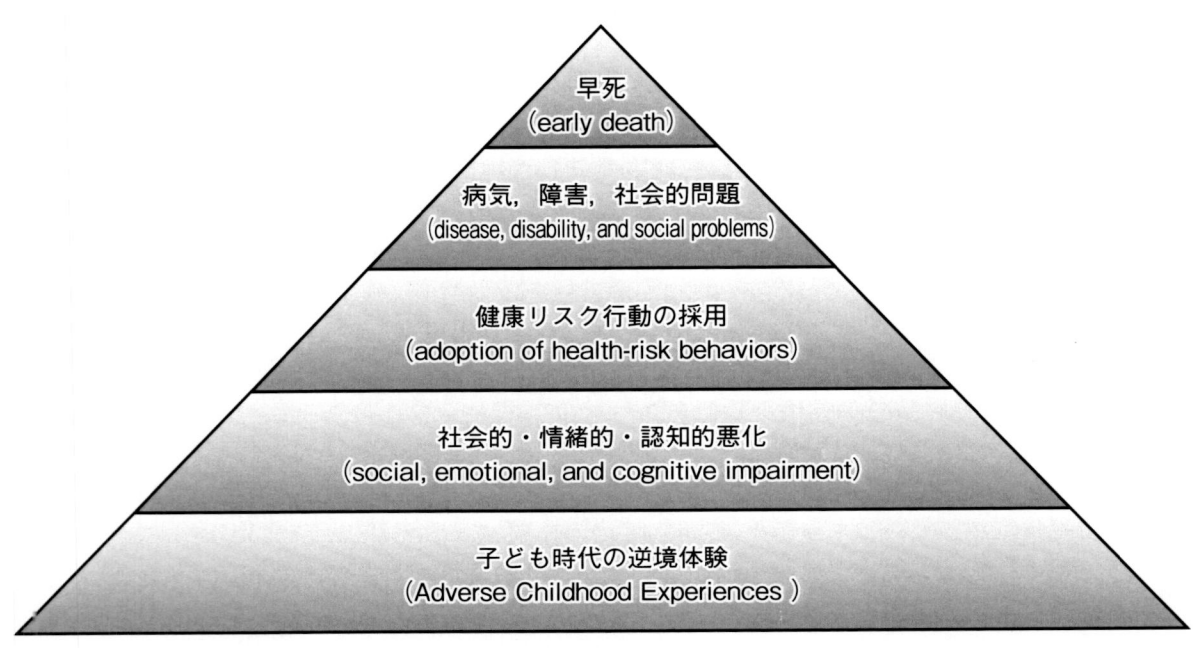

図 2-8　子ども時代からの逆境体験研究（Felliti et al., 1998）

◉ 不適切な養育から虐待へ至る

　先にも見てきたように，いきなり虐待が生じるのではありません。**不適切な養育**が修正されないまま，虐待に至っていると考えます。

　図 2-9 は不適切な養育から虐待に至る連続を示しています。A はレッドゾーンと呼ばれます。ここは**要保護**と呼ばれる状態です。要保護とは子どもを保護しなければ，子どもに危険が及ぶ状態です。まさに虐待が生じている状態です。このような状態にある子どもは虐待環境から適切な養育環境に移動させなければ，子どもの心身の発達に悪影響を及ぼします。**児童相談所**が子どもを一時保護するなどの支援が行われます。B はイエローゾーンと呼ばれます。ここは要支援と呼ばれる状態です。虐待が慢性的な状態で生じているわけではありませんが，不適切な養育環境なので，支援が必要な状態です。レッドゾーンに陥らないための支援が行われます。児童相談所や市区町村の**家庭児童相談室**や**保健センター**などの地域の支援機関が相談支援などの支援を行います。C はグレーゾーンと呼ばれます。ここは啓発・教育によって支援が行われます。イエローゾーンに陥らないための支援です。政府や地方自治体，支援機関，教育機関，NPO 法人，ボランティア活動による予防啓発と**予防教育**などの支援を行います。

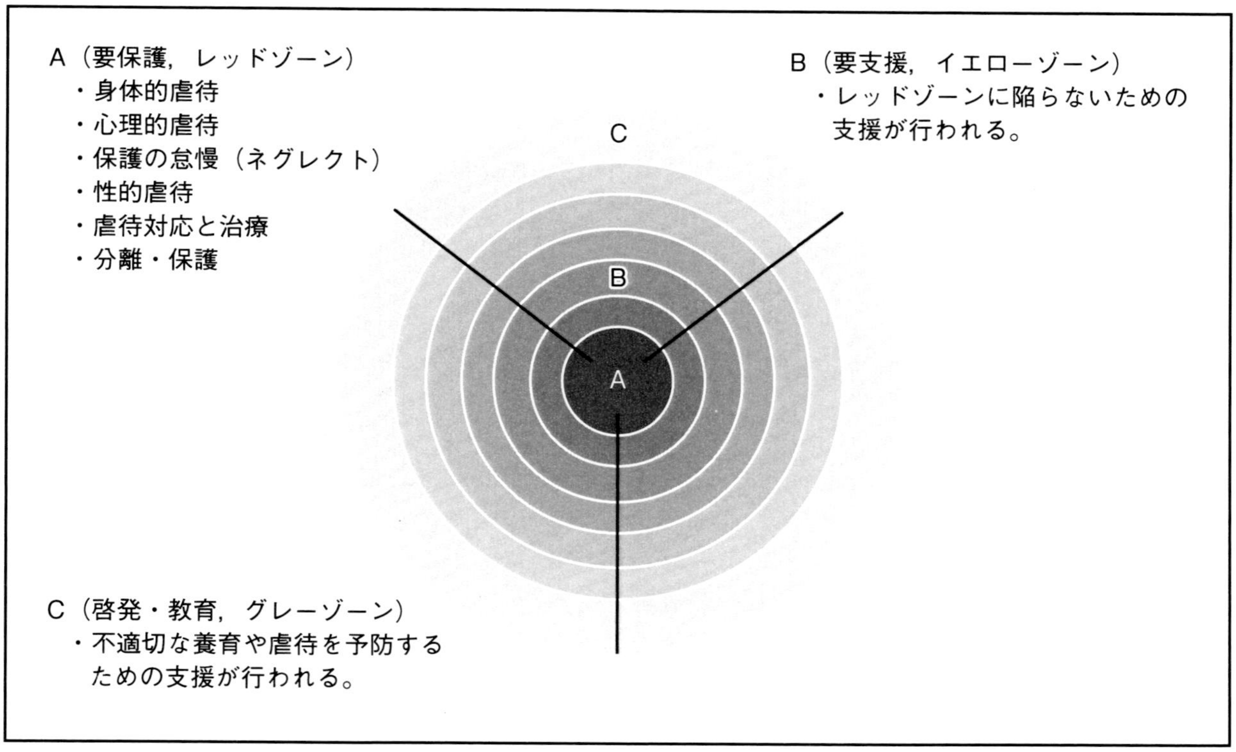

A（要保護，レッドゾーン）
・身体的虐待
・心理的虐待
・保護の怠慢（ネグレクト）
・性的虐待
・虐待対応と治療
・分離・保護

C

B

A

B（要支援，イエローゾーン）
・レッドゾーンに陥らないための
　支援が行われる。

C（啓発・教育，グレーゾーン）
・不適切な養育や虐待を予防する
　ための支援が行われる。

図 2-9　虐待と不適切な養育（高橋，2008を筆者が一部改編）

◉　虐待対応の3段階

　虐待対応は3段階に分かれます。すなわち，第1段階が発生予防，第2段階が早期発見と介入，第3段階が介入後の支援，となります。

　子育て支援は，主に，第1段階や第2段階での支援になります。出産に関する知識を事前に学習するための機会を設けたり（保健センターによる**両親学級**の開設），地域の住民に向けた虐待予防の啓発運動を実施したり（**オレンジリボン運動**），子どもを対象として暴力から逃げる方法を教えたり（CAP: Child Assault prevention），しつけの方法を教えたり（**コモンセンスペアレンティングプログラム**），育児不安の解消と養育者同士のサポートネットワークを構築したり（**「新米ママと赤ちゃんの会」**プログラム，ノーバディズ・パーフェクト・プログラム）などの支援が行われています。

以下の図の（　）に虐待対応の3段階に関する適切な用語を記入しましょう。

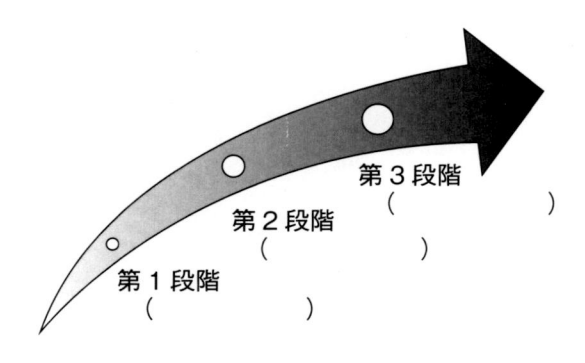

第3段階
（　　　　　　　　　）

第2段階
（　　　　　　　　　）

第1段階
（　　　　　　　　　）

図 2-10　虐待対応の3段階

2-2. ワークA　子育ての負担感や不安感

⬤ ワークの目的
子育ての負担感や不安感について自分の考えを整理することで理解を深めます。

⬤ ワークの方法
やり方は，以下のワークシートに書かれている質問に回答しましょう。

ステップ1
子育てが楽しくないと思う人もいるようです。あなた自身は子育てにどのようなイメージを持っていますか？できるだけ具体的に書いてみましょう。

ステップ2

　子育てに満足していない人がいるようです。その理由を考えてみましょう。またどうすれば満足のいく子育てができるでしょうか？

ステップ3

　子育てがときどき嫌になる人がいるようです。特に，子どもの数が増え，子どもの年齢が大きくなるほどその傾向があるようです。なぜそうなるのでしょうか？

第1章
第2章
第3章
第4章
第5章
第6章
第7章
第8章
第9章
第10章
第11章
第12章
第13章
第14章

ステップ4

あなたは子育てに対してどのような印象をもっていますか？次の形容詞の組み合わせを読んで，当てはまるところに○を入れましょう。

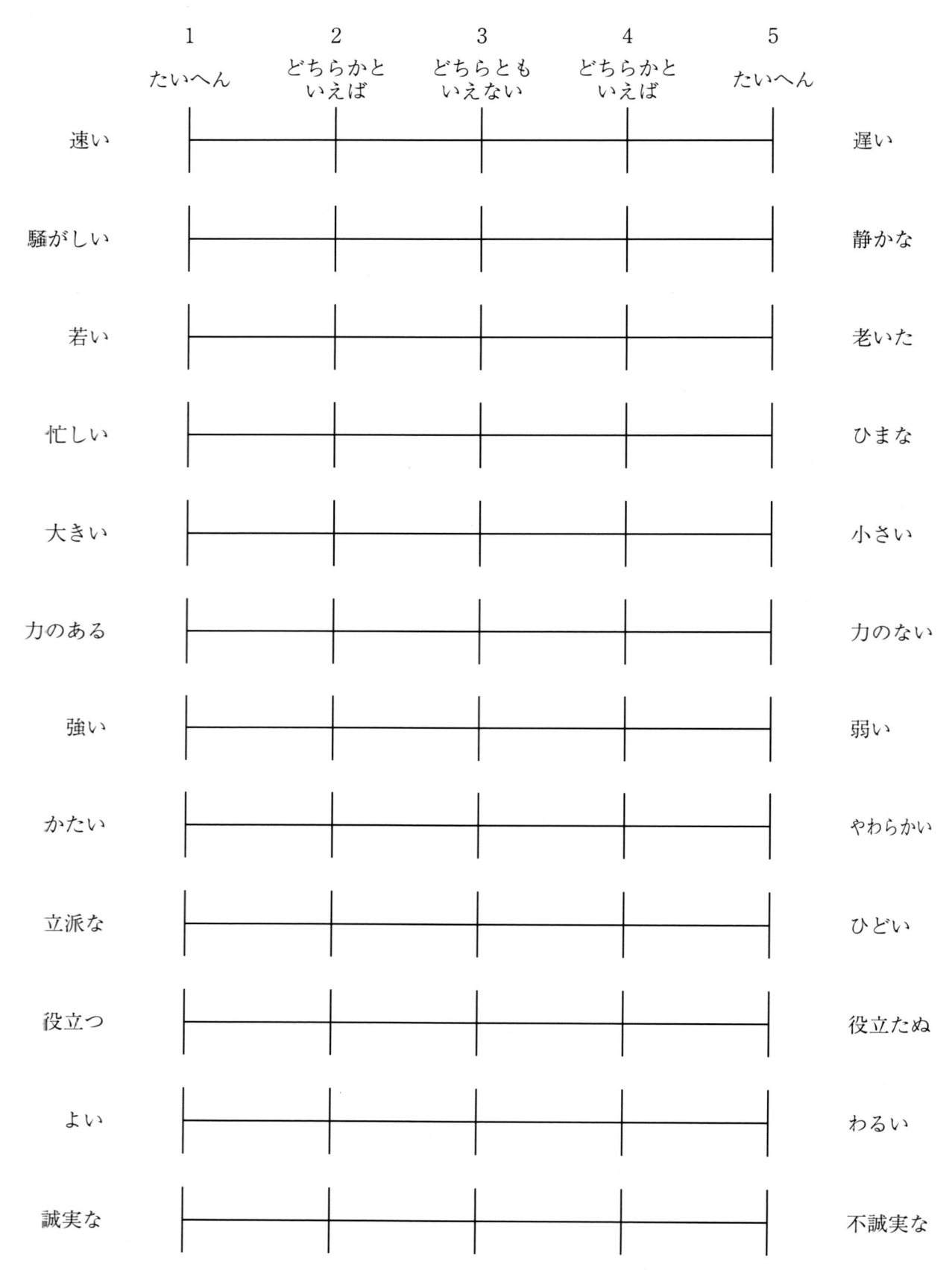

	1 たいへん	2 どちらかと いえば	3 どちらとも いえない	4 どちらかと いえば	5 たいへん	
速い						遅い
騒がしい						静かな
若い						老いた
忙しい						ひまな
大きい						小さい
力のある						力のない
強い						弱い
かたい						やわらかい
立派な						ひどい
役立つ						役立たぬ
よい						わるい
誠実な						不誠実な

ステップ5

ステップ1から4で記入した結果を参考にして意見交換してみよう。

ステップ6

意見交換してみてあらためて気がついたことはありませんか？できるだけ具体的に書いてみましょう。

2-3. ワークB　児童虐待を無くすには？

● **ワークの目的**

児童虐待について自分の考えを整理することで理解を深めます。

● **ワークの方法**

やり方は，以下のワークシートに書かれている質問に回答しましょう。

ステップ1

次の事例を読みましょう。この事例で書かれている状況は児童虐待ですか，それとも児童虐待ではないですか？判断の根拠もできるだけ具体的に書いてみましょう。

― 事　例 ② ―

　　10代後半で思わぬ妊娠をしたBさん。子育ての経験などなく不安でいっぱいです。Bさんは幼稚園の頃から，母親から「あんたはダメな子」，「グズ」，「生きている価値がない」など言われ続けてきました。父親は厳しい人で気分屋でした。父親が不機嫌な時は叩かれることがありました。でも，Bさんは叩かれるのは自分が悪い子だからと思っており，今の自分があるのは厳しいしつけのおかげだと思っています。母親も父親から叩かれることがありました。

　　決して裕福ではありませんでした。お金のことでいつも父母は言い争いをしていました。

　　Bさんは自分が妊娠したことを家族に相談できずにいました。

この事例は，児童虐待である　　・　　児童虐待でない（どちらかに◯を入れる）

なぜなら，

だからである。

ステップ2

ステップ1で記入した結果を参考にして意見交換してみよう。

ステップ3

意見交換してみてあらためて気がついたことはありませんか？できるだけ具体的に書いてみましょう。

（回答）
図 2-7：ストレス，虐待
図 2-10：発生予防，早期発見と介入，介入後の支援

第1章

第2章

第3章

第4章

第5章

第6章

第7章

第8章

第9章

第10章

第11章

第12章

第13章

第14章

コラム　オレンジリボン運動に参加しよう

　日本には虐待や心中で命を落とした子どもがいます。その数は，平成 15 年 7 月～平成 26 年 3 月までの統計によると心中が 427 名，虐待が 582 名で，両者を累計すると1009 名を超えています（厚生労働省，2015d を参考に筆者が算出）。

　虐待は防げます。そのためには様々な取り組みが求められます。しかし，特効薬のようなものがありません。虐待で死亡する子どもの数が 0（ゼロ）になる日を目指して，私たち一人ひとりが行動しなければなりません。私たちもできること，それはオレンジリボン運動に参加することです。オレンジリボン運動が気になる人は調べてみよう。あなたにもできることが見つかると思います。

第3章

子育て支援のニーズと課題②
：DV および不妊

本章の概説

　前章で子育ては社会的問題であるので、社会的支援が必要だと述べました。この章でも，「子育ては社会的支援が必要な営みである」という立場から学んでいきます。

　本章では，子育てに間接的にも直接的にも影響を与える家庭内暴力（ドメスティック・バイオレンス）と高学歴化と晩婚化および医療の発展を背景とした不妊について考えていきます。

③ 子育て支援のニーズと課題②：DVおよび不妊

3-1. 講義
3-1-1. 目的

　ここでは，子育てにおける課題とニーズがどのようなものかを知り，子育て支援の必要性を理解します。

　なぜ，「子育て」を支援する必要があるのでしょうか？なぜ，子育て家庭に支援が必要なのでしょうか？

　次のキーワードに関して学んでいきましょう。「DV（家庭内暴力）」と「不妊」です。

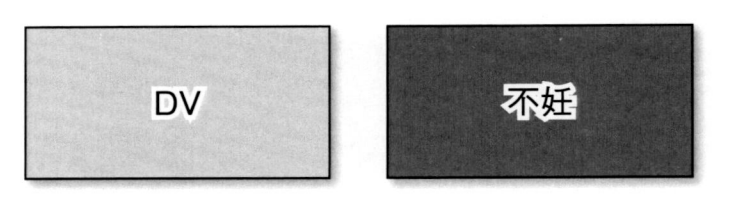

図 3-1　子育ての課題の例

3-1-2. ドメスティック・バイオレンス
● ドメスティック・バイオレンスは犯罪です

　ドメスティック・バイオレンス（DV: Domestic Violence）とは犯罪です。主に親密な関係にあるパートナーからの暴力のことです。男性であっても女性であっても加害者と被害者になり得ます。

　DV の加害者は「暴力」という手段・方法を意図的に選択しています。暴力によって相手をコントロールします。想像してみてください。あなたの身近な人に暴力を受けていれば，その人に対して自分の気持ちを素直に表現できるでしょうか？もし，相手の気持ちを害することがあれば，相手からの身体的な攻撃を受けるかもしれません。

　近年，DV による被害者が死亡してしまう事件が散見されます。そのような中で，わが国では「**配偶者からの暴力の防止及び被害者の保護等に関する法律**」が施行されました。この法律は，配偶者からの暴力に係る通報，相談，保護，自立支援等の体制を整備し，配偶者からの暴力の防止及び被害者の保護を図ることを目的とするものです。

　以下の表に DV の男性と女性それぞれが加害者・被害者となる場合は〇，ならない場合は×を入れましょう。

表 3-1　DVの加害者・被害者

	男性	女性
加害者		
被害者		

● ドメスティック・バイオレンスの定義

　次に DV の内容を見ていきましょう。DV は 5 つの暴力に分類されています。精神的暴力，身体的暴力，性的暴力，経済的暴力，社会的暴力です。

表 3-2　ドメスティック・バイオレンスの定義

虐待の種類	定義の内容
精神的暴力	何を言っても無視する，汚くののしる，など
身体的暴力	殴る，蹴る，平手でうつ，首を絞める，など
性的暴力	セックスの強要，避妊に協力しない，など
経済的暴力	生活費を渡さない，外で働くことを禁じる，など
社会的暴力	人間関係を監視する，人づきあいを制限する，など

● デートDV

　DV は成人の大人の問題だけとは言えません。**デート DV** という言葉があります。デート DV とは，交際相手からの暴力のことです。交際相手を広くとらえると，思春期の子どもたちを含めて DV 問題を考える必要があるでしょう。人間関係の中で生じることなので，デート DV は決して他人事ではありません。そして，デート DV も犯罪です。

● ドメスティック・バイオレンスの実態

　内閣府（2015）の平成 26 年度に行った調査によると，若者であっても，「男女の不対等な力関係による暴力支配」が存在していることが分かっています。

　図 3-2 と 3-3 および 3-4 を参照してください。配偶者から身体的暴行・心理的攻撃・経済的圧迫・性的強要のいずれかの行為を経験した人は女性では約 4 人に 1 人（23.7％）が被害を受けています。さらに女性では約 10 人に 1 人（9.7％）が何度も被害を受けています。男性では約 100 人に 17 人（16.6％）が被害を受けています。さらに男性では約 100 人に 4 人（3.5％）が被害を受けています。配偶者間の暴力が存在していることが分かります。

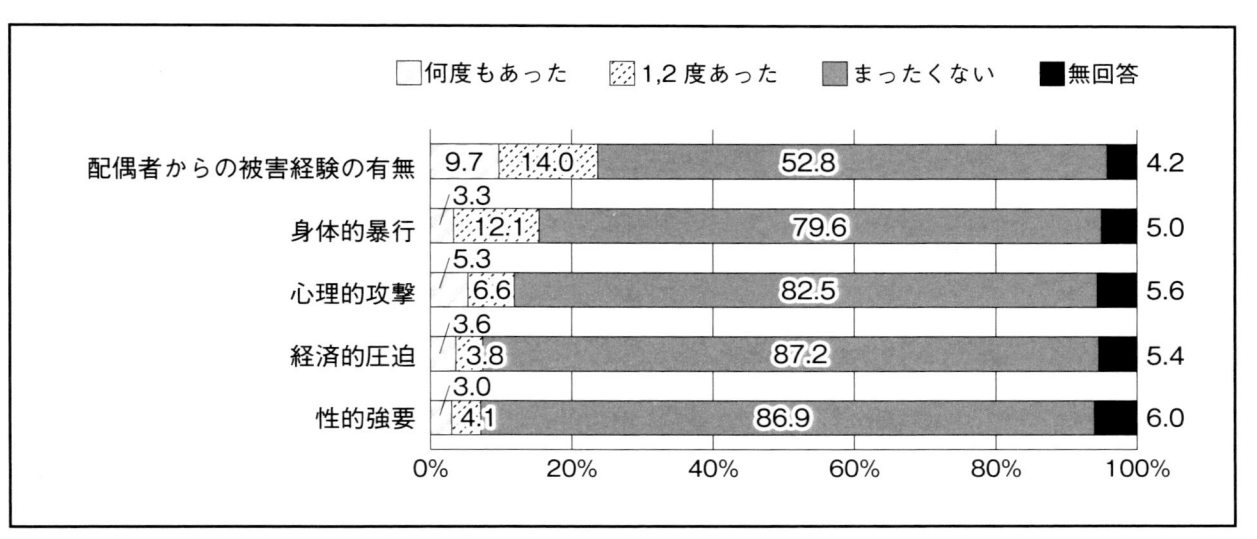

図 3-2　配偶者からの被害経験（女性）（内閣府，2015）

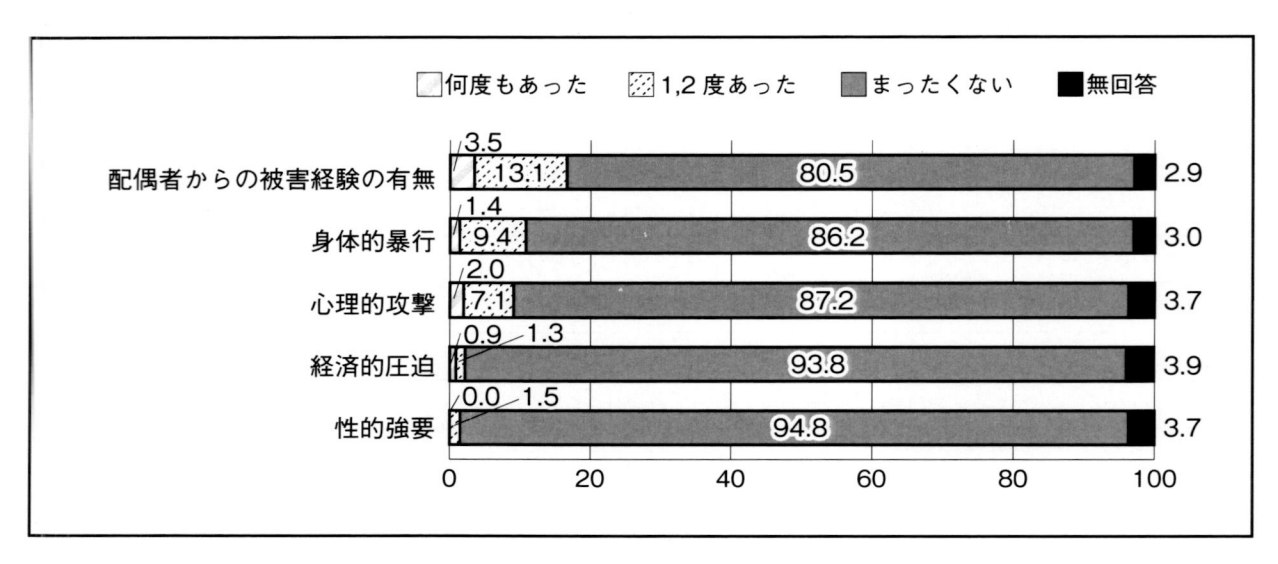

図 3-3　配偶者からの被害経験（男性）（内閣府，2015）

（※　四捨五入のために総計が 100％にならない）

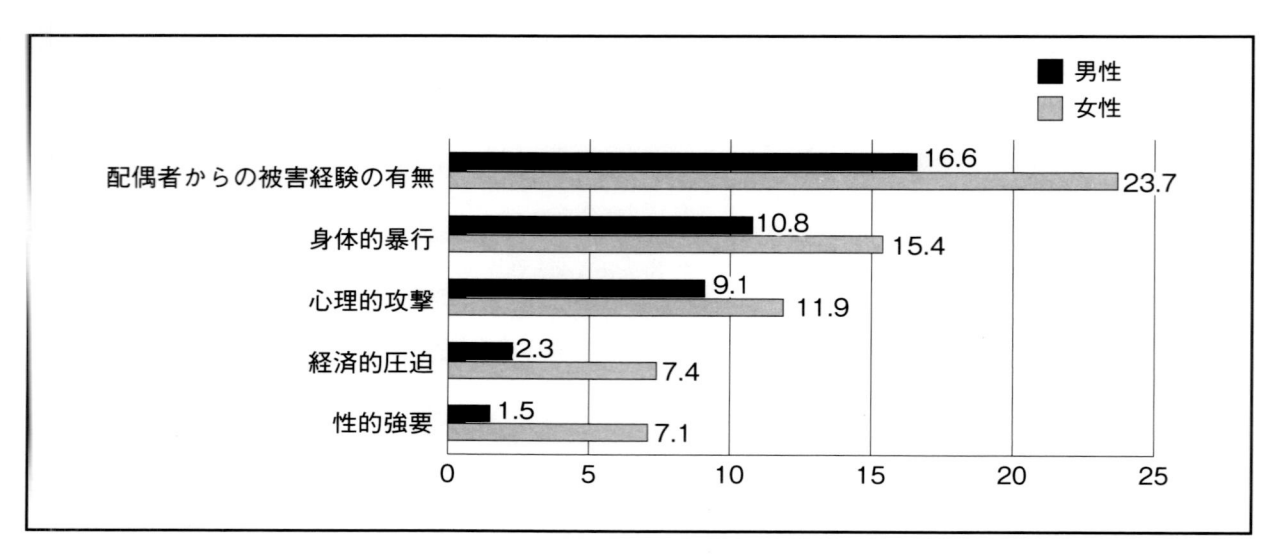

図 3-4　被害経験があったと回答した割合（内閣府，2015を筆者が改編）

　図 3-5 と 3-6 を参照してください。交際相手から被害を経験した人は女性では約 5 人に 1 人
（19.1％）で，さらに同居する交際相手から被害を経験した人は約 3 人に 1 人（29.8％）となっています。
男性では約 10 人に 1 人（10.6％）が被害を受けていて，さらに同居する交際相手から被害を受けた
人は約 5 人に 1 人（18.2％）となっています。交際相手からの暴力が存在しており，かつ同居してい
る方が被害を受けやすいことが分かります。

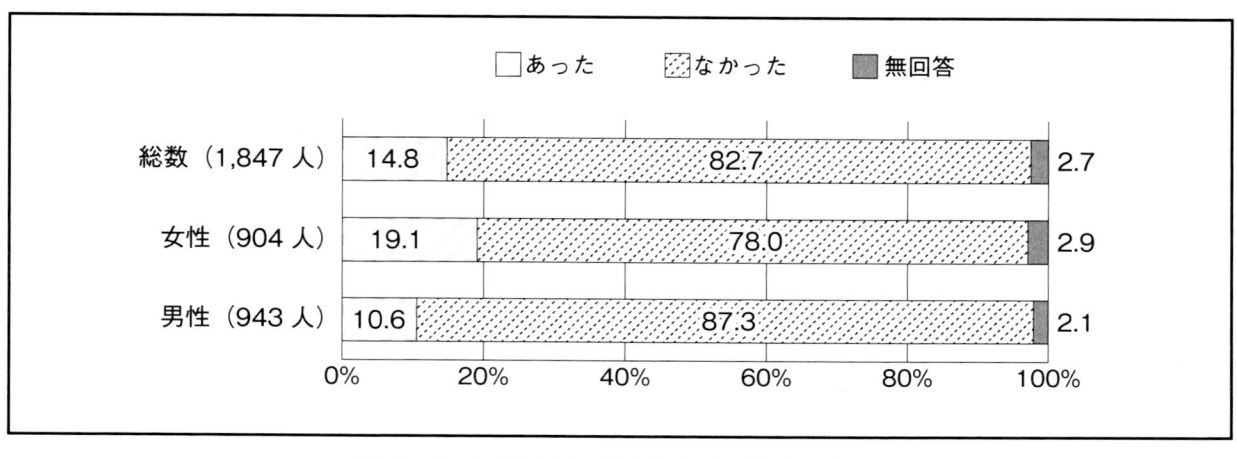

図 3-5　交際相手からの被害経験（内閣府，2015）

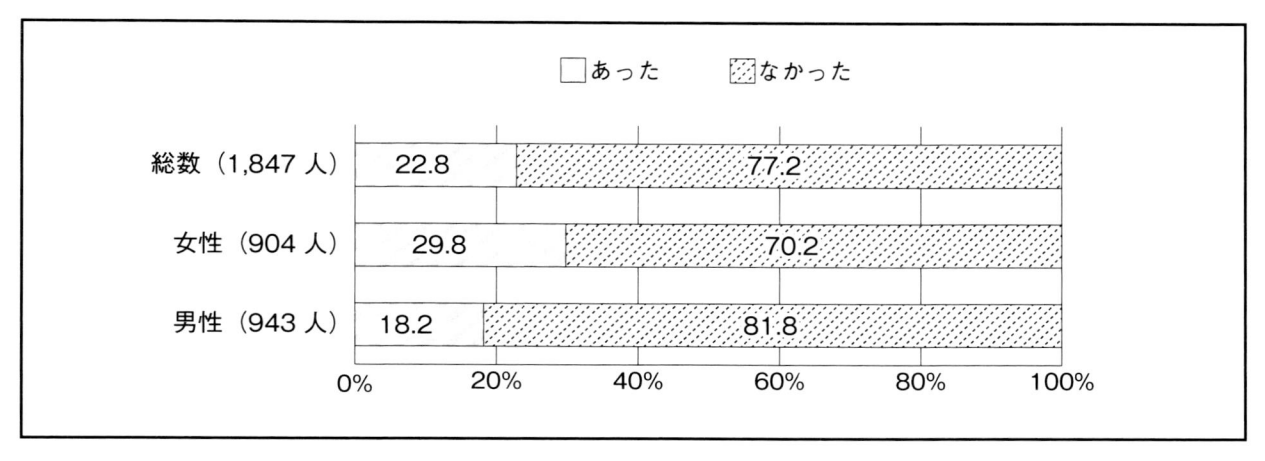

図 3-6　同居する交際相手からの被害経験の有無（内閣府，2015）

　では，このような被害を受けた後，被害者はどのような行動をとっているのでしょうか？図 3-7 を参照して下さい。女性では配偶者及び交際相手からの暴力があった際に，約半分の人が相談しています（前者は 50.3％で後者は 60.1％）。男性では配偶者及び交際相手からの暴力があった際に相談した人の割合は，前者は 16.6％で後者は 53.5％と違いが明白です。女性は男性よりも被害を受けた際に相談行動に移りやすいと言えます。男性で配偶者から被害を受けている人の多くは誰にも相談していない実態が明らかです。

　図 3-8 を参照してください。被害を受けた場合，相手と別れたかどうかを見ていくと，女性で配偶者から被害を受けている人で別れた人は約 10 人に 1 人（10.8％）で，交際相手から被害を受けている人で別れた人は約 2 人に 1 人（57.8％）です。男性で配偶者から被害を受けている人で別れた人は約 100 人に 5 人（5.2％）で，交際相手から被害を受けている人で別れた人は約 2 人に 1 人（53.5％）です。男女ともに配偶者による暴力の被害があっても相手とは別れにくい状態にあることが分かります。

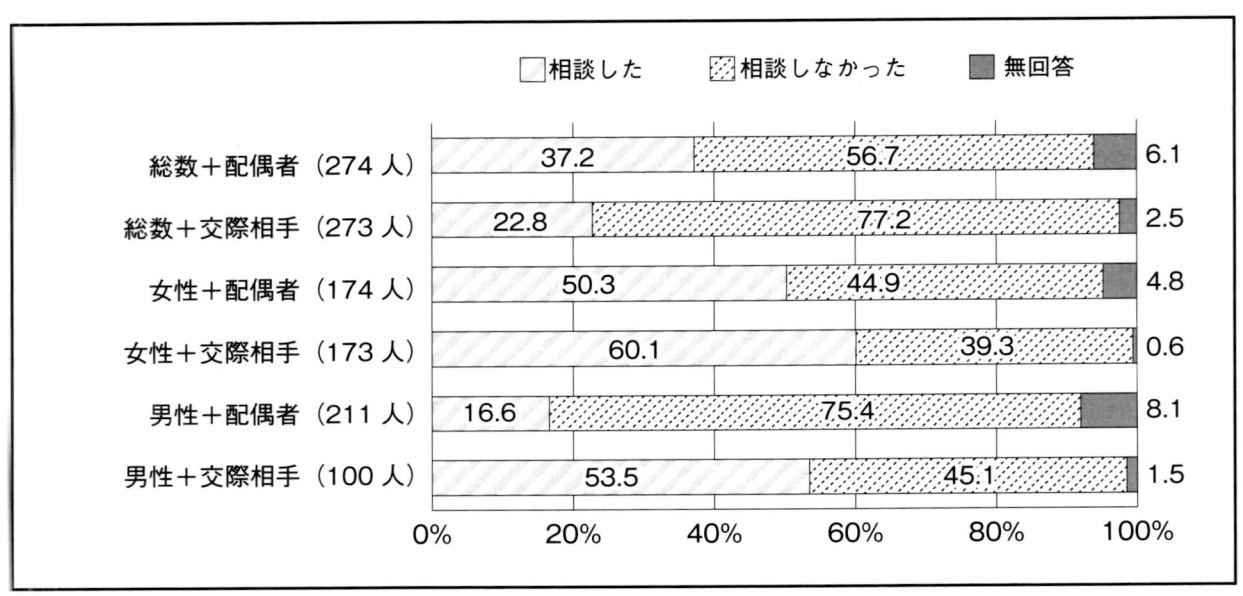

図 3-7　配偶者・交際相手からの被害の相談の有無（内閣，2015を改編）

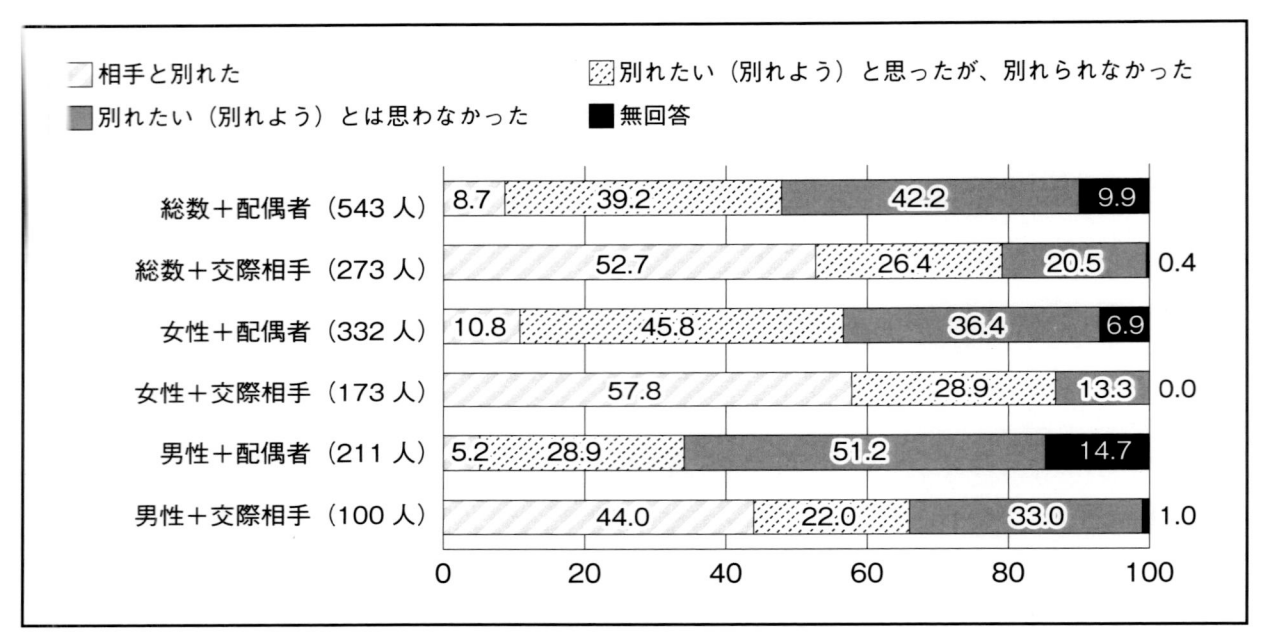

図 3-8　配偶者・交際相手から被害を受けた時の行動（内閣府，2015を改編）

◉ 交際相手と別れなかった理由

　あなたが考える交際相手と別れなかった理由はどんなことでしょうか？以下の理由を読んで，最も優先順位が高い理由を 1，最も優先順位が低い理由を 5 とした場合，これらの理由に順位をつけてみましょう。男性の理由と女性の理由では順位が違うかもしれません。男女別に順位づけてみましょう。理由の内容は内閣府（2015）を参考にしました。ヒントは男性は「あういおえ」女性は「あういえお」です。

表 3-3　別れなかった理由の順位

順位		別れなかった理由
男性	女性	
（　　）	（　　）	相手が変わってくれるかもしれないと思ったから
（　　）	（　　）	相手が別れることに同意しなかったから
（　　）	（　　）	相手には自分が必要だと思ったから
（　　）	（　　）	相手の仕返しが怖かったから（もっとひどい暴力や，性的な画像のばらまきなど）
（　　）	（　　）	世間体が悪いと思ったから

3-1-3. 不妊

● 不妊とは

　不妊とは，避妊していない頻回の，あるいは規則的な性交渉がありながら妊娠できない状態です（佐藤，2010）。世界保健機構や日本産科婦人科学会は妊娠できない期間を 24 か月間にしていますが，海外では 12 か月間とする場合もあります（佐藤，2010）。妊娠できない期間を 1 年にするか 2 年にするかは妊娠率の低下を考慮して決めます。妊娠率とは，カップルが初めて性交渉を持った周期が最も高く，最初の 2 周期は 30％に達し，その後急速に低下し，12 周期目（11 周期目までに妊娠しなかったカップルが 12 周期目にチャレンジした場合）には 3％にまで低下すると言われています（佐藤，2010）。1 年間の妊娠率を累積すると 84％程度と考えられ，2 年後は 92％，3 年後は 93％です。つまり，1 年間で妊娠できなかった 16％の半分の 8％は 2 年間の間に妊娠します。しかし，2 年間に妊娠しなかった 8％のうち次の 1 年間（3 年目）に妊娠できるのは 1％しかいないことを意味します。このことから健康なカップルが妊娠を目的にタイミングを合わせて性交渉を行っても 30％くらいの妊娠率でしかなく，妊娠率は性交渉を持った周期を重ねるにしたがって下がっていくことを示します。したがって，2 年間の間に妊娠を目ざして性交渉を行っても妊娠しない場合は，不妊治療が必要かもしれません。以下の図 3-9 と 3-10 は佐藤（2010）を参考に妊娠できたカップルの数と妊娠できなかったカップルの数を示したものです。3 年間の妊娠を目指した性交渉によって 93 組のカップルが妊娠しますが，7 組のカップルは妊娠できないです。2 年間で考えた場合，妊娠を目指した性交渉によって 92 組のカップルが妊娠しますが，8 組のカップルは妊娠できないです。病気のない健康な男女が妊娠を希望し，避妊をせず性交渉を行うと 2 年間で大多数の方が妊娠します。しかし，2 年間を過ぎても妊娠しない場合，その後いくらタイミングを取っても自然に妊娠する可能性は低くなるようです。

　なお，妊娠できても無事に出産まで至らないケースもあるので，妊娠がゴールではありません。

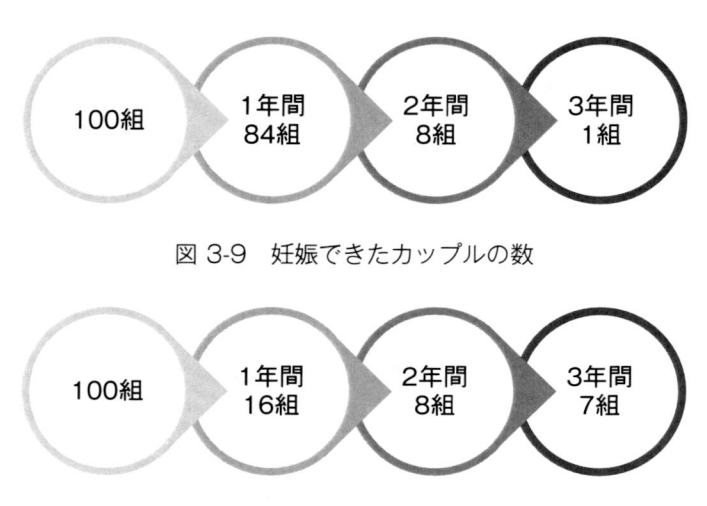

図 3-9　妊娠できたカップルの数

図 3-10　妊娠できなかったカップルの数

● 不妊の要因

　不妊の原因は妊娠率の低下に寄与する要因と考えられ，要因は複数見つかることもあるし，要因が全く見つからないこともあると言われています（佐藤，2010）。不妊の要因の一つに女性の排卵障害がありますが，排卵を誘発する治療を行って排卵が成功しても妊娠しないことがあると言われています（佐藤，2010）。医療の世界は不確実さに満ちており，不妊の原因はその最たるものと言われています（佐藤，2010）。

　以上のような不確実性を前提として，不妊の要因は男性側と女性側とに分けられている（佐藤，2010）。女性側の要因では，年齢，既往妊娠の有無と不妊期間，排卵障害，黄体機能不全など生物学的な要因とライフスタイル（BMI（Body mass index，体重÷身長 2）が 25 以上，喫煙習慣，過度のアルコール摂取，労働環境（化学物質：フォルムアルデヒドなど），薬剤（抗がん剤，非ステロイド性消炎鎮痛剤など）が考えられています（佐藤，2010）。男性側では，無精子症・乏精子症，精子無力症，奇形精子症，逆行性射精（膀胱内に射精），原因不明（約半数），年齢，ライフスタイル（BMI が 25 以上，喫煙習慣，過度のアルコール摂取，労働環境（高温環境・振動，化学薬品の使用，有機溶剤））が考えられています（佐藤，2010）。これらの要因のうちライフスタイルに関するものは必ずしも確定的なものではないです。

　社会的背景として，結婚しない選択の増加，結婚年齢の上昇，結婚しても子どもをつくらない選択の増加，希望子どもの数の減少，出産年齢の高齢化などを背景としています。佐藤（2010）は，不妊の要因に性交回数が少ないことについて述べています。また，性交回数が少ない理由として年代の若い夫婦が，派遣など不安定な労働に就き子どもをつくるどころではなく，落ち着いて子どもをつくろうと思った時には，性的興味が薄れていることを意味しているのではないだろうか，と述べています（佐藤，2010）。さらに，性交回数は，カップル関係の継続性，協調性を知る指標となる，と述べています（佐藤，2010）。本書の第 6 章でカップルの親密性について述べていますが，このカップルの親密性の問題が不妊にいたる要因の一つかもしれません。例えば，カップル間で子どもを産み育てるという関係の合意ができていなければ，妊娠を目指した性交渉は起こりにくいです。関係性の問題が解決されないまま，妊娠をしたとしても，産み育てる選択をしないかもしれません。子どもを産み育てることを考えたときにそのパートナーとしてお互いにふさわしいか，親となるための心理社会的準備ができているかどうかがポイントになるかもしれません。そして，親となるための心理社会的準備はできるだけ早い方がよいと思います。なぜなら，子どもを産み育てたいと希望

した時に男女の妊娠に関する生物学的限界（高齢化など）が迫っている可能性があるからです。

● 不妊治療の実態

　日本産科婦人科学会倫理委員会（2014, 2015）が不妊治療の実態を毎年報告しています。その発表データを元に筆者が図 3-11 にしました。2013 年には出生児数は 42,554 人で，1985 年からの累積出生児数は 384,304 人となっています。治療周期数というのは治療月経周期です。妊娠はいつでも可能ではありません。妊娠できるタイミングがあります。そのタイミングに合わせて治療を行った回数が治療周期数であり 368,764 となっています。

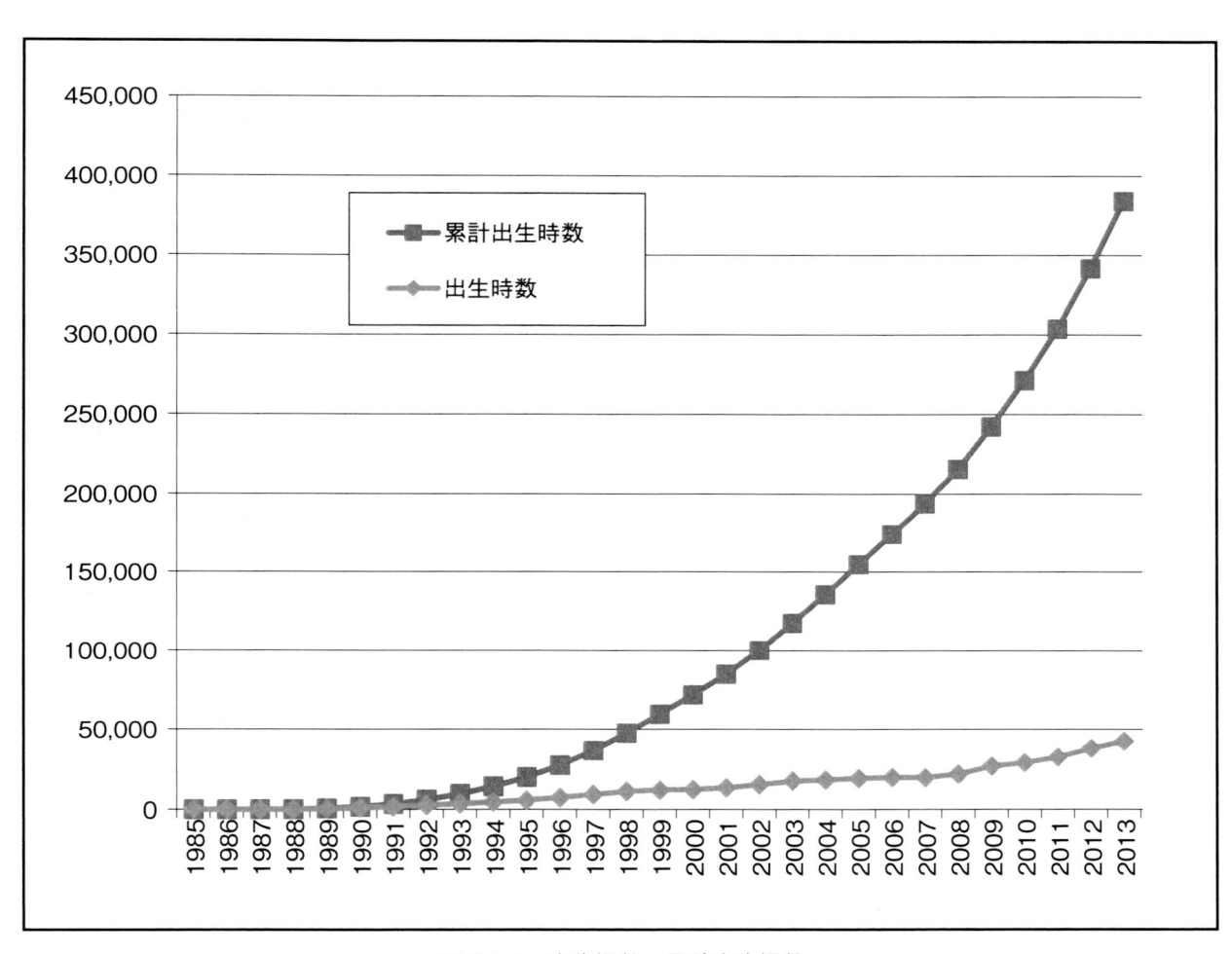

図 3-11　出生児数，累積出生児数
（日本産科婦人科学会倫理委員会（2014, 2015）を筆者がグラフにした）

　厚生労働省（2015c）の平成 26 年患者調査では全国の医療施設を利用する患者を対象とし，層化無作為によって抽出した医療施設の患者が対象となっています。この調査の調査日は，病院では平成 26 年 10 月 21 日（火）から 23 日（木）の 3 日間のうち病院ごとに指定した 1 日です。また，診療所については平成 26 年 10 月 21 日（火），22 日（水），24 日（金）の 3 日間のうち診療所ごとに指定した 1 日です。その結果，女性不妊の外来受療率と推計外来患者数が分かりました。図 3-12 を見ると，人口 10 万人に対して外来受療率は 20 〜 24 歳で 2，25 〜 29 歳で 34，30 〜 34 歳で 71，35 〜 39 歳で 79，40 〜 44 歳で 43，45 〜 49 で 6，50 〜 54 で 1 となっています。30 歳から 39 歳までの外来

受療率が高いようです。そして推計外来患者数は 20 〜 24 歳で 0.1 千人，25 〜 29 歳で 2.2 千人，30 〜 34 歳で 5.3 千人，35 〜 39 歳で 6.9 千人，40 〜 44 歳で 4.2 千人，45 〜 49 で 0.6 千人，50 〜 54 で 0.1 千人となっています。

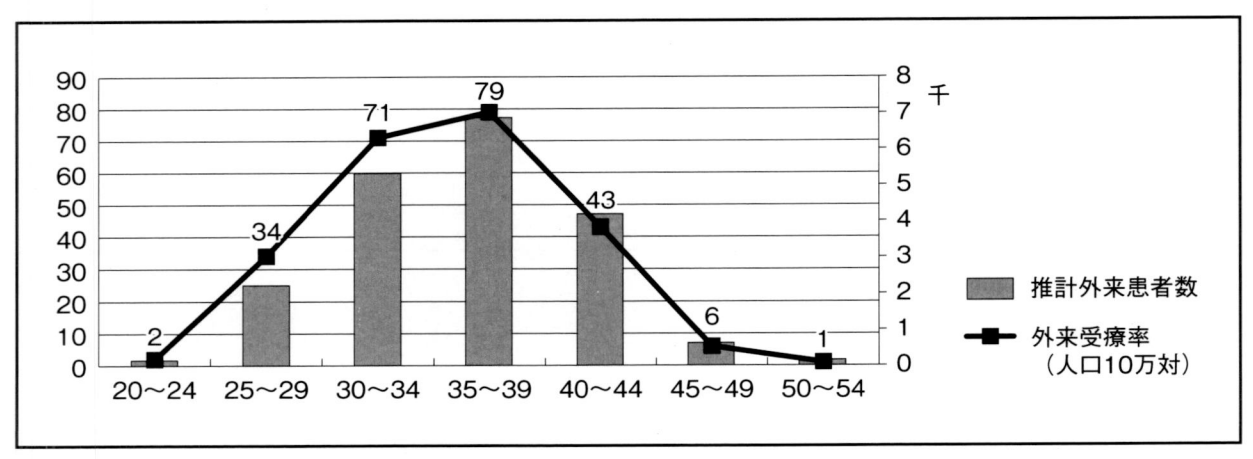

図 3-12　女性不妊の外来受療率と推計外来患者数（厚生労働省，2015c）

　次に不妊治療の成功率を見てみましょう（図 3-13）。日本産科婦人科学会（2013，2014，2015）の報告によると，不妊治療の方法を「新鮮胚（卵）を用いた治療」，「凍結胚（卵）を用いた治療」，「顕微授精を用いた治療」の 3 類型としています。ここでは，「凍結胚を用いた治療」の成績を見てみましょう。凍結胚とするには卵子を取り出します。卵子を取り出した後，体外授精や顕微鏡授精を行い胚になったものを凍結保存します。そして，移植するタイミングを見計らいます。2013 年のデータによると 1 回の移植で妊娠する確率（移植あたり妊娠率）は 32.8％です。そして，妊娠した後に流産する確率（妊娠あたり流産率）は 26.0％です。最後に移植を行ってから無事に生まれる確率（移植あたり生産率）は 22.5％です。例えば，100 人が移植を行い，その内の約 33 名が妊娠します。33 名の妊娠した人の中の約 7 人は流産します。授精卵の移植を行っても 100 名の内，約 23 名しか出産できないことが予想されます。ただし，女性の年齢が高くなればなるほど治療の成功率が低くなることがわかっています。

　これまでに不妊治療の成果によってたくさんの子どもが生まれてきています。しかし，成功率は高いとは言えません。

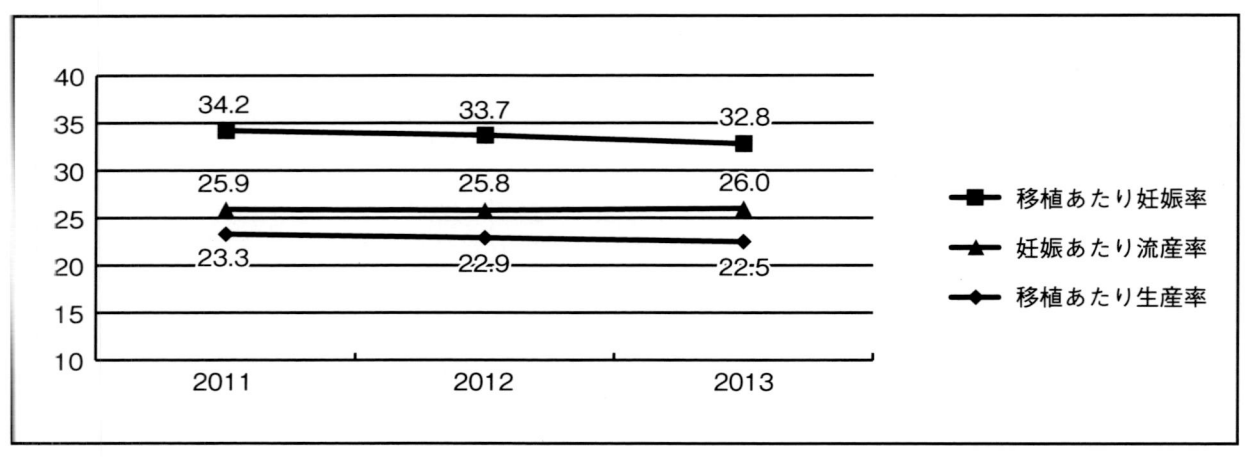

図 3-13　凍結胚を用いた治療成績
（日本産科婦人科学会倫理委員会（2013，2014，2015）を筆者がグラフにした）

● 不妊相談

　不妊専門相談センター事業が実施されています（厚生労働省 2007b, 2015c）。不妊専門相談センターは，各都道府県，指定都市，中核市が設置しています。平成 27 年 7 月 1 日の時点で全国に 63 か所設置されています。不妊専門相談センターでは，不妊に悩む夫婦に対し，不妊に関する医学的・専門的な相談や不妊による心の悩み等について医師・助産師等の専門家が相談に対応したり，診療機関ごとの不妊治療の実施状況などに関する情報提供を行っています。

　厚生労働省（2007b）によると，平成 17 年度に全国の不妊専門相談センターに寄せられた相談は17,756 件です。このうち，不妊の検査方法や治療方法の内容についての問い合わせが 36.9％と最も多く，ついで，不妊治療を実施している治療機関の情報を求めるものが 18.1％となっています。相談内容を次の表 3-3 に整理してみました。様々な相談が寄せられています。相談内容を筆者が分類してみると，治療開始の判断，治療内容，医療機関の紹介，セカンドオピニオン，家族，治療の苦しみ，その他，に分類できました。

　中でも，「治療を始めて 1 年になるが妊娠しない治療方法を高度なものに変えるべきか」という相談があります。このような相談に対して「検査結果を持参。結果を踏まえたアドバイスと今後受けるべき検査と治療の内容について説明」したと報告されています。1 年であれば最低でも 12 回の妊娠のチャンスがあったかもしれません。不妊治療を開始しても思うような成果をすぐに得られるとは限らないことを理解しておく必要があります。現在行っている不妊治療がうまくいかない場合，さらに高度な不妊治療（人工授精や体外受精）の段階に進んでいきます。次に「主治医に高度不妊治療を勧められたが，できれば自然妊娠を希望する。自分の身体の状態では自然妊娠はほんとうに無理か」という相談があります。このような相談に対して「体調と検査結果にかかる問診をもとにアドバイス」が行われているようです。また，「近所に不妊治療を行う医療機関がないがどうしたらよいか」という相談もあります。このような相談に対して「近隣の医療施設で受けられる基本的な検査の内容紹介と受診方法，その結果を踏まえたアドバイス」が行われているようです。不妊治療はどこでも受けられるわけではありません。なぜなら，高度な不妊治療になるほど治療を行える医療機関は限られているからです。さらに，不妊治療は女性だけの問題ではありません。「夫が子どもをほしがっているが高度不妊治療をいやがる」という相談があります。このような相談に対して「夫婦一緒に説明とアドバイス」が行われています。妊娠・出産・子育ては女性だけの問題だと誤解されているかもしれませんが，実際は，男性の問題でもあります。男性であっても不妊の当事者なのです。不妊問題が浮上することで夫婦関係や家族関係に何らかの影響を及ぼしていることがうかがえます。最後に「以前に経験した不妊治療の痛みの恐怖感が忘れられない。痛みの少ない治療法はないか」という相談があります。このような相談に対して，「カウンセリング，医師への相談方法・夫への妻に対する配慮についてアドバイス」が行われているようです。体外受精の場合，卵子を取り出します。その時に痛みを感じる場合があり，そのような痛みを経験している人にとって，不妊治療は痛みの恐怖とも戦わなければなりません。

　私たちは性教育の一環として避妊方法や望まない妊娠や性病などに関する教育を受けてきました。不妊で悩んでいる人がいることや不妊治療の苦しみについてどれだけの人が理解できているでしょうか。不妊の苦しみは喪失体験の繰り返しにあると筆者は考えています。不妊で悩んでいる人には心理カウンセリングなどの社会的な支援が必要です。また，不妊を予防する支援が必要です。不妊に関する啓発活動や健康診査の対象とするなどが求められるでしょう。

表 3-4　不妊相談センターにおける相談内容（厚生労働省，2007b）

相談の種類	相談の内容
治療開始・変更の判断	• 治療を始めて1年になるが妊娠しない。治療方法を高度なものに変えるべきか • 主治医に高度不妊治療を勧められたが，できれば自然妊娠を希望する。自分の身体の状態では自然妊娠はほんとうに無理か • 自分は不妊なのか。医療機関で検査を受ける勇気がない • テレビ，新聞，インターネット等で見た不妊治療の方法は，本当に効果があるのか
治療内容	• 体調やホルモンバランスを整えるための食習慣や運動についての指導 • 治療や投薬の副作用（めまい，吐き気，発疹等）への対処のしかた • 持病等（子宮筋腫，糖尿，アトピー性皮膚炎，開腹手術の既往歴等）と不妊との関係 • 服用している薬と不妊との関係，薬の服用についてのアドバイス（ぜんそく，うつ病等）
医療機関の紹介	• 高度不妊治療を行う近隣の医療機関への転院に関するアドバイス • 近所に不妊治療を行う医療機関がないがどうしたらよいか
セカンドオピニオン	• 検査結果についての見解，主治医の見解との相違について • 主治医に言われたことで気になっていること
家族	• 夫が治療に非協力的，夫と心が離れてきた • 夫が子どもをほしがっているが高度不妊治療をいやがる • 夫の両親から不妊治療を続けるよう勧められるが，苦痛でもうやめたい
治療の苦しみ	• 治療を続ける気力がなくなってきた。毎日泣いている • 以前に経験した不妊治療の痛みの恐怖感が忘れられない。痛みの少ない治療法はないか
その他	• 主治医から子どもを持つことを諦めるよう勧められたが，納得いかない • 養子を迎えることも検討しているが，不妊治療を続けることにも未練がある • 治療の成功率，おおよその費用を知りたい

相談の種類は筆者による分類

◉ 特定不妊治療費助成制度

　不妊治療には高額な医療費がかかります。このことから厚生労働省（2007b）は平成16年度から，不妊治療の経済的負担の軽減を図るため，配偶者間の不妊治療に要する費用の一部を助成していま

す。対象者は，特定不妊治療以外の治療法によっては妊娠の見込みがないか，又は極めて少ないと医師に診断された法律上の婚姻をしている夫婦となっています。対象となる治療は，体外受精及び顕微授精になります。このような治療を「特定不妊治療」といいます。

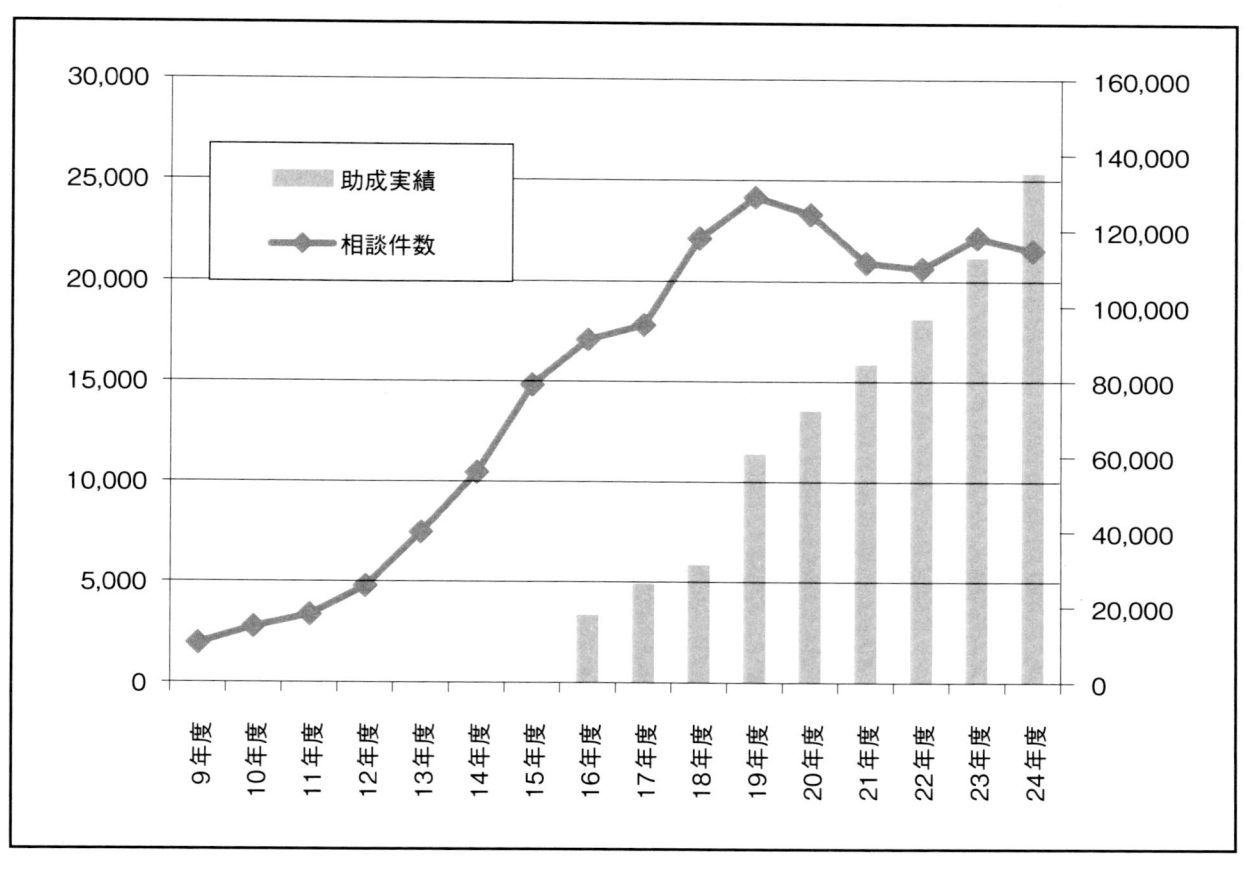

図 3-14　不妊専門相談センター相談件数と特定不妊治療費助成制度の助成実績
（厚生労働省，2007b：厚生労働省，2015cより筆者が作図）

● 不妊を生きる

　生き方が多様化している中で参考となるモデルはあまりありません。今，私たちにできることは成熟した大人になることです。一人のかけがえのない人間として子を産み育てることについてどのような価値を見いだし，どのような生き方を選択するのかが問われています。親になりたくても親になれない人がいます。そのような場合，どのように生きていけばよいのか，明確に生き方を教えてくれる人はなかなかいません。もし自分に生物学的な子どもを授かることができないことを知った時にどのようにあるかが問われています。不妊の要因は目に見えにくいものです。不妊の原因は一つに特定できにくいものです。一般の人には，自分の体に何が起きているのかわかりません。このように考えると，不妊の問題は誰にでも起こりうる問題です。だから，将来，生物学的な親になりたいという人は一人の人間として子を産み育てることについて考えていかなければなりません。

3-2. ワークA　ドメスティック・バイオレンス

─ 事　例 ③ ─

　男子大学生のCさんに初めて彼女ができました。最初，交際は順調でした。交際から2か月くらいすると，彼女からの要望はエスカレートします。例えば，SNSの返事が遅れると「あなたはクズ」といった人格を否定する言葉が目立つようになります。Cさんの方も言いかえすことはあります。ところが，Cさんが少しでも反論すると，彼女の怒りは激しくなります。人通りのある路上でも，Cさんを罵倒します。そういう時は，Cさんは惨めな気持ちになります。Cさんは，彼女のことが好きなので別れるつもりなどありません。

● **ワークの目的**

　ドメスティック・バイオレンスについて自分の考えを整理することで理解を深めましょう。

● **ワークの方法**

　やり方は，以下のワークシートに書かれている質問に回答しましょう。

ステップ1

　ドメスティック・バイオレンスの被害を受けた時，どうすればよいでしょう？あなた自身の予防策を考えよう。

ステップ2

　ドメスティック・バイオレンスを受けていても誰にも相談しない人がいるようです。なぜそうなるのでしょうか？

ステップ3

ドメスティック・バイオレンスについて率直に意見交換してみよう。

ステップ4

意見交換してみてあらためて気がついたことはありませんか？できるだけ具体的に書いてみましょう。

3-3. ワークB　不妊

― 事　例 ④ ―

　共働き夫婦のD夫妻。大学生の頃に交際がスタート。卒業してから3年後に結婚します。この時二人とも25歳。しばらくは二人の生活を楽しみたいことと仕事が忙しいということで避妊を続けていました。

　仕事に自信がついてきた28歳ごろにそろそろ子どもが欲しくなった二人。周囲も「子どもはまだなの？子育ては人生を豊かにするよ」などと言われてもいました。しかし，なかなか妊娠まで至りません。二人とも，まだ20代だし，そのうち授かるだろうと思っています。30歳の頃，初めて妊娠します。二人は喜びますが，お腹の中で育つことなく，流産となります。まだ，「若いから大丈夫よ」と周囲の言葉もあり，自分たちも自然に任せて子どもが授かるのを待ちました。ところが，32歳になっても妊娠の兆しはありません。

◉ **ワークの目的**

不妊について自分の考えを整理することで理解を深めましょう。

◉ **ワークの方法**

やり方は，以下のワークシートに書かれている質問に回答しましょう。

ステップ1

30歳から不妊治療を受けている人が多いようです。なぜ多いのでしょうか？

ステップ2

「自分は不妊なのか。医療機関で検査を受ける勇気がない」という人もいます。どうしてそう思うのでしょか？

ステップ3

不妊は誰の問題なのでしょうか？

ステップ4

不妊について率直に意見交換してみよう。

ステップ5

意見交換してみてあらためて気がついたことはありませんか？できるだけ具体的に書いてみましょう。

（回答）

　表 3-1：すべて○が入る

　表 3-3：交際相手と別れなかった理由：上から順に男性（1, 3, 2, 5, 4）で女性（1, 2, 3, 4, 5）

第4章

家族のライフサイクルと
成人期の課題①

本章の概説

　家族ライフサイクルとは何か？おそらく，多くの人は聞いたことがない言葉だと思います。家族ライフサイクルは家族心理学や家族社会学の専門用語です。これは，まるで家族にも命があるかのようにとらえ，家族の誕生から死までに起こり得る課題と危機について説明しています。

　なぜ家族ライフサイクルを学ぶ必要があるのでしょうか？その理由は，どの家族に生じ得る課題と危機を知っておくことで，危機に直面した際に対応しやすくなるからです。ただし，近年，家族は多様化しています。だから，家族ライフサイクルという家族の見方がすべての家族に当てはまるとは言い切れません。しかし，自分が子育てをする上で，あるいは誰かの子育てを支援する上で役立つものの見方です。

4 家族のライフサイクルと成人期の課題①

4-1. 講義
4-1-1. 目的
　子育てと関連して，成人期には特有の危機と課題があることについて学びます。特に，思春期・青年期の子どもを持つ家族の家族ライフサイクルの特徴とその危機と課題について見ていきましょう。

成人期	家族ライフサイクル	発達課題	危機

図 4-1　家族のライフサイクルと成人期の課題

4-1-2. 家族のライフサイクル
◉　家族ライフサイクルとは
「家族ライフサイクル」とは，直訳すると家族生活周期となります。ただし，家族ライフサイクルと呼ばれることの方が多いと思います。本書でも家族ライフサイクルと表記します。では，家族ライフサイクルの定義を見ていきましょう。新社会学辞典によると（森岡清美・塩原勉・本間康平, 1993)，**家族ライフサイクル**とは「家族自体に見出されるライフサイクル。家族は生命をもたないが，結婚と夫婦の死亡，および子どもの出生と成長によって展開が基本的に既定されるところから，ライフサイクルとよびうる規則性を示す。」と定義されています。つまり，家族にまるで命があるかのように認識しようとすることです。家族に命があると言われてもよくわかりませんね。この考え方は，20世紀中ごろの米国で実証的に研究が進められたことによって発展していきます。家族を時間軸で捉え，段階ごとにとらえるのです。

　家族を理解することは子育ての理解へとつながります。ここで言う家族は「私の家族」という固有性ではなく，一般的な意味での家族です。家族を見ていく時，「構造」と「過程」を見ていくとよいでしょう。**構造**とは，父親と母親からなる夫婦，父母と第1子からなる家族，祖父母同居の拡大家族といったように，どのように家族のメンバーが構成されているのかについて見ることとしましょう。**過程**とは，先の構造のように目に見えるようなものではなく，夫婦だけの家族から乳幼児のいる家族へ，乳幼児のいる家族から小学生がいる家族へ，といったように時間軸の中で「変化する家族」として見ていくことです。何が変化するのかというと，例えば，夫婦だけの時には仲が良かったけど，赤ちゃんの世話が始まると仲が悪くなったというような変化です。別の言い方をすると，変化する家族を見ていく時に，目に見える変化と目に見えにくい変化があるということです。先の構造と過程という考えでいうと，目に見える変化が構造で目に見えにくい変化が過程といえるでしょう。このような家族の見方をすることで，客観的に家族を理解することができるでしょう。そして，このような構造と過程の変化をとらえるために家族ライフサイクルを学ぶ必要があります。では，どのようにとらえているのかを具体的に見ていきましょう。

◉　家族のライフタスクと危機
　家族ライフサイクルは諸段階としてみなすことができます。多くの家族は，「一定の諸段階を経過

して発達する傾向」があり，各段階には，「その段階固有の生活現象があり，すべての家族成員に適応と変化を求める新しい課題がある」と言われています（岡堂，2000）。家族成員に適応と変化を求める新しい課題を**家族ライフタスク**と呼びます。

我々は日常生活において家族ライフタスク（課題）に取り組むことになります。この課題は，必然的に危機を内にはらんでいます。例えば，子育ては危機になり得ます。妊娠したことをどう受け止めるのか，産むか産まないか，妊娠したことでカップルや夫婦に何が起こるのか，出産後どんな生活状況となるのか，二人の関係だけでなく周囲の人との関係はどんなふうに変化するか，などの変化への対応の結果によっては，より良い状態になることがあるし，より悪い状態になることがあります。悪い状態の例を挙げると，配偶者の妊娠をきっかけに，夫からの不適切な扱いが増える事例があります。具体的には，夫がイライラすることが増え，最初は小言だったのが，次第に大きな怒鳴り声となり，叩くなどの暴力も見られるようになります。これは DV になります（第4章も参照）。これは家族の変化にうまく適応できなかった場合です。逆に，家族の変化にうまく適応して，お互いを励まし合い助け合うといった良好な関係を築いていく人たちもいます。

先にも「変化する家族」について述べました。変化が生じるのは必然的です。この変化の過程をうまく乗り越え，うまく適応できることによって，子育てにおける危機をチャンスに変えていくことができるでしょう。この変化の過程において，自分たちの力で危機を乗り越えることができる人がいます。一方で，自分たちの力で危機を乗り越えられない人たちもいます。後者の場合，第3者からのサポートによって危機を乗り越えていけばよいです。このようなサポートが子育て支援なのです。

● 6段階でとらえてみよう

本書では，岡堂（2000）を参考に家族ライフサイクルを6段階でとらえていくことにします。

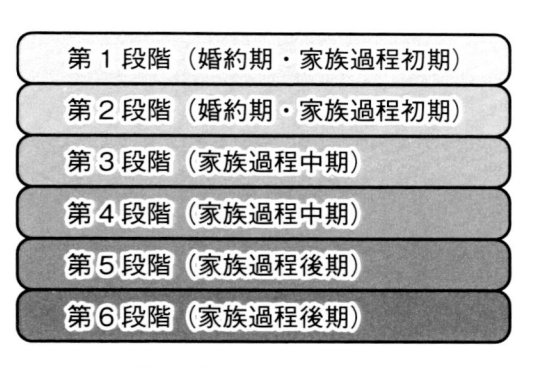

図 4-2　家族ライフサイクル（岡堂，2000）

ただし，すべての段階を見ていくことはしません。本章では，第4段階（家族過程中期）について詳しく見ていきます。第4段階から見ていく理由は，本書の読者の大半が大学生であることを想定していることから，思春期・青年期から乳児期までの家族ライフサイクルをさかのぼって見ていくことで理解が深まると考えているからです。

なお，第5章では第3段階（家族過程中期）と第2段階（婚約期・家族過程初期）について見ていき，第6章では第1段階（婚約期・家族過程初期）を見ていきます。他の段階に関心がある人や第1段階から考えていきたいという人は岡堂（2000）を参照しましょう。

4-1-3. 家族のライフサイクル：第4段階

● 第4段階のライフタスク

　岡堂（2000）を参考に，家族ライフサイクルの第4段階について見ていきましょう。第4段階のライフタスクは，「親愛性　対　束縛・追放」と考えられています。この時期は，子どもが思春期・青年期に入っており，子ども自身のアイデンティティの確立が発達課題となっています。子どもから大人への移行期であり，子ども役割を一部放棄しながら，自らのアイデンティティを確立していくことになります。

　アイデンティティとは，自分であることです。自分というものを再規定していくことです。これまでの自分とは違う何者かになることです。自分がすっかり変化するということではありません。自分は自分であるという感覚を持ちながら，これまでの自分を再規定していくのです。自分で何かをすることに対する責任を持つことと自分をコントロールすることです。その過程には子どもの自己主張があります。いわゆる反抗期と呼ばれる時期です。親から見ると，それまで聞き分けの良かった子どもが，親の言うことに反論したり，親の言う通りにはしないようになったりすることで，親に反抗しているかのように見えます。一方，子どもの側からすると，身体の成長と同時に，得体のしれない不安感，焦燥感，イライラなど感情的な変化，友達関係の発展，親友の登場，秘密，恋愛関係などこれまでとは違う自分を模索することと言えるでしょう。模索なので失敗と成功を繰り返します。時には，子どもには責任が取れない自己主張もあるでしょう。子どもは自分で何かをなすことを求める一方で，自分に自信が持てず，親を頼らざるを得ません。子どもが失敗してもサポートが受けられ，その失敗を成長とつなげることがアイデンティティの確立と言えるでしょう。

　子どもは成長します。子どもが成長することは親にとっては喜びです。しかし，その反面，「子どもを喪失する体験」でもあります。ここで言う喪失とは実際に病気や事故などで子どもを亡くすということもありますが，むしろ心理的なイメージとしての子どもをなくすこととして考えていきましょう。子どもが成長するということは，親が今までとは違う我が子に遭遇することでもあります。例えば，小学校高学年くらいになってくると，それまで学校のことや友達のことを話してくれたのに，少しずつ話すことが少なくなってくるなど，「よく話してくれる我が子」から「あまり話してくれない我が子」へと変化していくことに伴って，かつての「よく話してくれる我が子」はすでにいないということに気が付いていきます。いつまでも親になついていた我が子を失うということは，親として子どもの話を聞くことやこまごまとした世話をするといった役割を失うことにもなります。いわば，子どもの成長と共に親としてのアイデンティティも揺らいでいる時期になります。

　親と子どもとの境界が明確になります。例えば，きょうだいと同じ部屋で過ごしてきた場合，子どもの方から自分の部屋が欲しいと言ってくることがあります。自分の部屋がある場合は，部屋に入るときはノックをして欲しいという子どももいます。秘密を持つ子どももいます。親は我が子が間違った方向に進んでいないか，と心配することもあるでしょう。そのような心配は子どもにとっては煩わしく感じることがあります。一方，心配されないのも癪に障ることがあります。

　きょうだい関係も変化します。年の近い同性のきょうだいであれば一緒に遊ぶ機会もあるでしょう。しかし，次第にきょうだいで遊ぶことも減っていき，むしろ，友人関係を大事にするようになっていきます。きょうだいや家族と過ごすよりも，友人と過ごすことを求めます。

　先に，親と子どもとの境界が明確になると述べました。親と子どもは別の存在です。身体は別々のものであります。しかし，心理的には親と子どもは近い存在にあります。第4段階にある家族は親と子どもとの境界を少しずつ明確にしていきながら，子どもが巣立っていくこと，すなわち自立が課題です。同時に，親の側は子どもの自立に伴う親役割の喪失や孤独への対処が課題となります。

親子の絆を断ち切るような自立ではなく（例えば，家出），親子の絆を保ちながらの自立が課題です。しかし，自立はスムーズには進みません。時には，子どもは親の元に後戻りすることで，新たなエネルギーを得て，再び自立の方向に歩き出す必要があります。

● 第4段階の危機

　第4段階の危機を軽度，中等度，重度と整理して見ていきましょう。まず，軽度のものとして，親が親役割の変化に対応できないことがあげられます。いつまでも親の管理下に置くことによって，子どもの自立を損ねている場合があります。例えば，夕食の団欒を想像してみましょう。子どもは自分で食器など配膳できるのにもかかわらず，いつまでも母親が配膳の準備をしています。これは当たり前の風景かもしれません。しかし，子どもができることを親が肩代わりしているともいえ，子どもの自立の足を引っ張っているのかもしれません。時に，母親が「ごはんのお代わりは？」と聞くと，「自分でする」といってお代わりをよそう子どもがいます。当たり前の行為かもしれません。しかし，親の側に立つと，当たり前の行為の中に，成長をうれしく思う気持ちといつまでも子どもではないのだという喪失感（ちょっと，さみしい気持ち）があるかもしれません。また，子どもの思春期と親側の思秋期が衝突する場合があります。親側の思秋期とは，親の方も年を重ねていく中で，子どもの成長と共に，自分の人生を見つめ直す時期に差し掛かっています。親の側は，子どもの喪失に伴って，夫婦関係の見直しが課題となり得ます。夫婦である意味を再び問われることになります。これまでに夫婦間で蓄積された不満や恨みが噴出する時期でもあります。このように子どもの発達課題と親の発達課題がちょうど重なる時期が第4段階です。

　このような変化に対応できずに，問題を先送りにすると，危機の深刻度が増していきます。中等度の危機は，子どもの退行現象（引きこもり），不登校，怠学，家出，不良交遊といった問題が出てきます。さらに，重度の危機は，子どもの非行，犯罪，自殺，摂食障害，神経症，精神病の発症などで，親のうつ状態，自殺，生活習慣病の発症などになります。これらの危機は変化の過程の中で生じるものであり，うまく対処していくことが求められます。

表 4-1　第4段階の要約

ライフタスク	親愛性　対　束縛・追放 子どものアイデンティティの確立 子どもの既習得役割の一部放棄
危機	【軽度】 　親役割の変化に対応できない，思春期と思秋期の衝突 【中等度】 　子どもの退行現象（引きこもり），不登校，怠学，家出，不良交遊 【重度】 　子ども（非行，犯罪，自殺，摂食障害，神経症，精神病），親（うつ状態，自殺，生活習慣病の発症）

岡堂（2000）を参考に筆者が再整理した。

● 家族ライフサイクル論の注意点

　家族ライフサイクル論は変化する家族を理解するのに便利なものの考え方です。ところが，現代の家族は多様です。一般に，私たちのイメージする家族像は，両親と子どものいる家族，あるいは，

祖父母と両親と子どもがいる家族などの平均的なイメーシではないでしょうか。つまり，私たちの家族像は固定化されている可能性があります。しかし，実際の家族形態は多様です。ひとり親家庭もあります。血のつながりのない里親家庭もあります。人が多様であるのと同じだけ，家族の姿も多様です。このように考えると，家族ライフサイクル論で家族を認識するには限界があります。何が健全な家族なのでしょうか。大事なことは，家族の現実そのものを理解することです。したがって，次のようなことを注意しておきましょう。注意点を確認したら表4-2の左端にチェックを入れよう。

表 4-2　家族ライフサイクル論の注意点

☑	注意点
☐	モデルに当てはまらない家族もいるし，当てはまらなくてもいい。
☐	この考えに当てはまらないからといってその家族が異常なのではない。
☐	差別的な偏見が判断に入っていないか注意している。
☐	「変化する家族」ということは，固定的ではないということ。
☐	家族は成長しうるものとしてとらえること。

岡堂（2000）を参考に筆者が整理した。

4-2. ワークA　あなたの自立度は？

● ワークの目的

　家族ライフサイクルの第4段階では，子どもの自立が課題となり，子どもが自立すると同時に家族にも変化が生じ，その変化に家族が対処することの重要性が指摘されています。では，あなた自身の自立度はどの程度なのでしょうか？

● ワークの方法

　やり方は，以下のワークシートに書かれている質問に回答しましょう。

ステップ1

次の10項目について，いつも・だいたい・たまに・しないの４段階のどれに当てはまりますか？当てはまる数字を黒く塗りつぶしましょう。

		しない	たまに	だいたい	いつも
掃除・洗濯	（1）自分の部屋の掃除をする	①	②	③	④
	（2）自分の洗濯は自分でする	①	②	③	④
	（3）自分の部屋以外の掃除もする	①	②	③	④
食事	（4）一人のとき，食事は自分で作り片づけもする	①	②	③	④
	（5）家族の食事の片づけをする	①	②	③	④
	（6）家族の食事を作る	①	②	③	④
経済	（7）小遣いが不足したら，親や祖父母にねだらない	①	②	③	④
精神	（8）嫌なことでもやらなくてはいけないことはする	①	②	③	④
	（9）親にいろいろと言われてもカッとならない	①	②	③	④
	（10）みんなと同じでなくても自分の考えを通せる	①	②	③	④
	縦の欄の合計得点				
	全ての合計得点				点

ステップ2

あなたは自立しているのでしょうか？自立するとはどういうことでしょうか？

ステップ3

　自立度について率直に意見交換してみよう。「変化する家族」という視点から，あなたの自立の過程と家族の変化について考えてみましょう。あなたの自立と家族の変化に関連がありますか？率直に意見交換してみよう。

ステップ4

　意見交換してみてあらためて気がついたことはありませんか？できるだけ具体的に書いてみましょう。

　※　ワークの作成にあたって，牧野（編著）（1996）人間と家族を学ぶ家庭科ワークブックを参考にしました。

コラム　育児放棄された子ザルを養育

　大分市の高崎山自然動物園で，母ザル「カラオケ」の子育てに注目が集まっている。わが子だけでなく，"育児放棄"された子ザルも育てている。双子を産むことがほとんどないニホンザルにとって，2匹を同時に世話するのは異例中の異例だ（西日本新聞，2015）。カラオケは母乳の量が豊富で，かつ群れのナンバー2「マクレーン」のそばにいることが多く，実母の「ボックス」も健在なことから，「周りの大人たちの協力を得て2匹を立派に育てている」（園職員），とのこと（西日本新聞，2015）。

　本来，ニホンザルは1匹しか育てられないようになっている。しかし，母乳の量，母ザルの面倒見の良さ，仲間の保護があることで子育てが成り立っていた。我々は，母ザルカラオケから学べることがあると思う。動物の子育ては本当に興味深いと思います。

第5章

家族のライフサイクルと
成人期の課題②

本章の概説

　家族ライフサイクルとは，まるで家族にも命があるかのようにとらえ，家族の誕生から死までに起こり得る課題と危機について説明しているものです。家族ライフサイクルという家族の見方がすべての家族に当てはまるとは言い切れません。しかし，自分が子育てをする上で，あるいは誰かの子育てを支援する上で役立つものの見方です。

　本章では，家族ライフサイクルと成人期の課題について見ていきます。

5 家族のライフサイクルと成人期の課題②

5-1. 講義
5-1-1. 目的

　本章では，子育てと関連して，成人期には特有の危機と課題があることについて学びます。特に，子どもを得る前から子どもを得た後にかけての家族ライフサイクルの特徴とその危機と課題について見ていきましょう。

図 5-1　家族のライフサイクルと成人期の課題

5-1-2. 家族のライフサイクルの重なり
● 家族ライフサイクルの重なりとは

　図 5-2 は家族ライフサイクルの重なりを示しています。第 1 世代と第 2 世代に分かれています。私たちが育った家族のライフサイクルが誕生から死へと続いていく中で（第 1 段階〜第 6 段階），子どもたちが成長し，子ども自身の家族を作っていくようになります。第 1 世代が第 4 段階から第 5 段階に移行する頃，第 2 世代は第 1 段階に入っていきます。このように，生物が命をつないでいるのと同じように，家族も命をつないでいくかのようです。

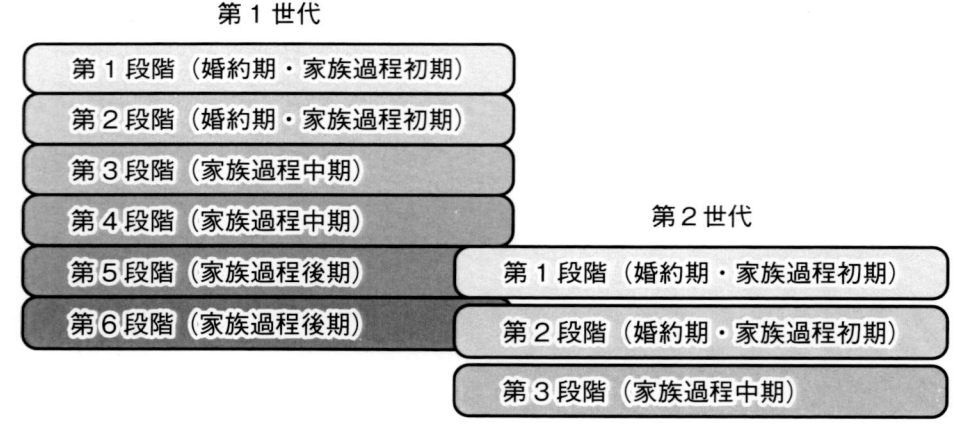

図 5-2　家族ライフサイクルの重なり

　ただ，家族の場合，遺伝的な意味での世代からのバトンタッチだけでなく，家族の感情や考えなども受け継がれていくと考えることができます。このように受け継がれていくことを**世代間伝達**と呼びます。世代間伝達は，例えば，この家族の男は 50 代で亡くなっているといった一定の特徴です。または，祖父母世代の暴力的な家族関係が，父母世代にも伝えられ，児童虐待に至っているといった世代間伝達もあります。悪いことばかりが伝達されるわけではありません。例えば，農業を営んでいる祖父母世代が地域の社会的貢献をしてきた家族は，孫世代において人を直接助ける仕事（保

育士・教師・看護師など）に就くことも世代間伝達といってよいでしょう。

5-1-3. 家族のライフサイクル：第3段階
● 第3段階のライフタスク
　岡堂（2000）を参考に，家族ライフサイクルの第3段階について見ていきましょう。第3段階のライフタスクは，「個性重視　対　疑似一体感」と考えられています。この時期は，子どもが学童期に入っており，子ども自身の自立性と家族への所属感を高めることが発達課題となっています。親からするとまだまだ子どもです。しかし，子どもの個性が際立っていく時期です。子どもの個性が際立つということは，それまでの家族関係が変化すること意味します。子どもの個性が際立ち，子どもの自立性が発揮されるにしたがって，親の側は家族のルールに引き戻そうとします。子どもの自立性と家族への所属感とのバランスが求められる時期です。子どもの自立を損なう家族の動きが「縛り付け」や「排除」になります。また，子どもの家族への貢献と親の期待とのバランスも重要です。

● 第3段階の危機
　第3段階の危機を軽度，中等度，重度と整理して見ていきましょう。まず，軽度のものとして，親が親役割の変化に対応できないことがあげられます。親にとってはまだ手のかかる子どもです。しかし，学童期に入ると子どもは親との関係以外に，仲間との関係を広げていきます。小学校中学年くらいになると，同性の仲間集団を形成して，秘密を持ち始めます。このような年齢集団は，まるでギャングのように見えることから，**ギャングエイジ**と呼ぶことがあります。この時期の子どもにとって仲間外れにされることは心理的なショックを与えます。子どもは仲間と親との間を行きつ戻りつしながら，成長していくと考えてよいでしょう。つまり，仲間によって傷つけば親の元に駆け込み慰めてもらい，親にひどく叱られれば，仲間に慰めてもらう。一方，学童期に友達と遊べない子どもがいます。このような子どもは社会性を身につける機会を失いがちです。大人との関係は良好ですが，同世代の子どもとの関係がうまくいかないという子どもがいます。誰か一人でも分かり合える友達がいることは子どもの心理的な成長に大切です。

　この時期の子どもは仲間との遊びに夢中になります。日が沈んでもなかなか家に帰れません。友達と別れるときは，何度も「バイバイ」を言います。門限を破ることもあります。一方，親は門限を守れない子どもを「まだ小学生なのだから，17 時には家に戻りなさい」と叱ることもあるでしょう。つまり，小学生の段階ではまだ家族の一員なので，親の言いつけを守ることが求められます。では，大学生ではどうでしょう？門限が 17 時ですと，大学の授業に出られないこともあるでしょう。夜のアルバイトも行けません。だから，大学生の門限を設けない家もあるでしょう。親の側からすると，子どもは親の言うことを聞くことが期待されています。そして，子どもは親の言いつけをよく守ることで家族に貢献しています。しかし，親の言いつけを守ることだけが子どもの成長に大事だとは言えません。青年期の発達課題にもあったように，自己の確立はすでに学童期から始まっているのです。子どもは親以外の存在，ここでは仲間ですが，彼らとの交わりの中で，様々な価値（考えや気持ち）に遭遇します。そうすることが子どもの成長につながります。このように家族は，家族から離れていく子どものペースに合わせて，家族のルールあるいは期待を変更せざるを得ません。しかし，第3段階の家族は子どもの自立はまだ先の話だと思っています。しかし，先にも見てきたように子どもの方では家族から仲間関係を重視するようになり，少しずつ自立に向かっています。親の方でも課題があり，向き合わざるを得ません。親の側からすると，子どもの自立とは，親役割を喪失していく過程でもあります。親と子どもの境界があまり明確ではなかった関係から，子どもの方から親

との境界を明確にしていきます。そうなれば、親は孤独を感じるでしょう。その孤独を紛らわせるために、懸命に子どもの世話を続けることもあるでしょうし、仕事に没頭することもあるでしょう。夫婦関係の問題がこの時期に顕在化することがあります。例えば、情緒的に冷たい関係の夫婦がいます。家庭内別居のような状態の夫婦です。表面上は家族としてまとまっているように見えて、その表面下ではつながりが希薄になっている家族です。子どもの方は、そのような冷たい家族関係を修復しようとして、様々な行動を示します。中には、情緒的に疲弊した親を慰め世話をする親代わりをする子どももいます。これを**ペアレンティングチャイルド**と言います。いわゆるいい子です。しかし、いい子はいつまでもできません。途中で息切れしてしまうことだってあります。

　このような変化に対応できずに、問題を先送りにすると、危機の深刻度が増していきます。中等度の危機は、子どもの退行現象（夜尿など）、父親の逃避（仕事）、母親のアルコール依存傾向といった問題が出てきます。さらに、重度の危機は、子どもの社会参加への不安（不登校）、親のアルコール依存症などになります。これらの危機は変化の過程の中で生じるものであり、うまく対処していくことが求められます。

表 5-1　第3段階の要約

ライフタスク	個性重視　対　疑似一体感 子どもの自立性と家族への所属感 子どもへの期待
危機	【軽度】 　親役割の変化に対応できない、友達遊びができない子ども 【中等度】 　子どもの退行現象（夜尿）、父親の逃避（職場）、母親のアルコール依存傾向 【重度】 　子どもの社会参加への不安（不登校）、親（アルコール依存症）

岡堂（2000）を参考に筆者が再整理した。

5-1-4. 家族のライフサイクル：第2段階

◉ 第2段階のライフタスク

　岡堂（2000）を参考に、家族ライフサイクルの第2段階について見ていきましょう。第2段階のライフタスクは、「養育性　対　閉塞感」と考えられています。この時期は、子どもが乳幼児期に入っており、夫婦の2者関係から子どもを含めた3者関係に移行する時期です。日常生活を再編成し、新たな家族のルールを作る時期です。初めての子育ての場合、様々な不安や困難が生じます（第2章を参照）。

◉ 第2段階の危機

　第2段階の危機を軽度、中等度、重度と整理して見ていきましょう。まず、軽度のものとして、育児が的確にできないことや育児に専心しすぎることが考えられます。そもそも、2者関係から3者関係に変化しています。この変化にうまく適応できていないと、様々な問題が生じ得ます。では、どのように関係の変化に適応すればよいのでしょう？それは簡単です。つまり、私たちは子どもを含めた家族関係を構築すればよいのです。そして、親役割を獲得していけばよいのです。具体的には、生活の時間配分を再調整すること、消費計画を見直すこと、余暇活動を見直すこと、部屋の使い方

を見直すことなどです。

　親としての責任を自覚するようになります。初めて乳児の世話をすることになります。体重が3000グラムほどの小さな存在です。親の世話がなければ生きていけません。子育てには大きな責任を伴います。親の中には子育てが不安であり，自信がない人がいます。生まれたばかりの赤ちゃんを一人で世話をすることを想像してみてください。あなたは，何をすればよいのでしょうか？心配はつきません。自分の世話は自分でできます。トイレに行きたくなればトイレに行くし，お腹がすけば食事の用意をします。しかし，赤ちゃんは親にサインを送らなければ欲求を自分で満たすことはできません。赤ちゃんのサインとは泣くことです。赤ちゃんの泣き声を聞いたことあるでしょうか？赤ちゃんの泣き声は耳に心地よいものではありません。もし，心地よい泣き声であれば，赤ちゃんに何が起きるでしょうか？親に求められるのは，辛抱強さ，忍耐心，自己中心性からの脱却です。自分の思い通りにならないことが子育てです。

　いきなり親になれる人はいません。たしかに，生物学的には親になれるでしょう。しかし，心理的・社会的な意味での親になるには，複雑な過程があります。生物学的な親であっても，子どもを育てたいと思えない人がいます。生物学的には親だけど，心理・社会的には親ではないという事態もあります。通常，親の責任を果たす過程を経ることで，親のアイデンティティが確立されていきます。親は，親になることの誇りを持ちます。一方，親となることによる生きられたであろう時間や機会の喪失もあります。

　夫婦であることの意味を問われます。育児は分担するものかどうかといったことでもめます。もっと正確に言うと，育児の分担を誰が決めたのか，ということでもめます。誰にも決めさせずに，「自分が子育てをするのだ」という親としてのアイデンティティが確立していれば，このようなことでもめることはありません。具体的に子育てに関わることで夫婦間の親密性が促進されます。仲のよい夫婦とは，よく子育てをしている夫婦でもあります。子育て中のつばめなどの鳥の夫婦を観察してほしい。喧嘩をしている様子が観察されるだろうか？一所懸命に子育てをしている。むしろ，お互いを慰め合っているようにも見える。夫婦の親密性は夫婦の会話量や質，夫婦の交流や性生活に表れていきます。時に，子どもの世話に没頭することがあるでしょう。そのような時こそパートナーは，父子・母子関係を支える役割を担います。子育てにおいて誰かに支えられていると実感することは重要です。最も支えになってほしい存在は子どもの親でもあるパートナーでしょう。

　このような変化に対応できずに，問題を先送りにすると，危機の深刻度が増していきます。中等度の危機は，妻の育児不安，父親の逃避（仕事・趣味）といった問題が出てきます。さらに，重度の危機は，産後うつや虐待などになります。これらの危機は変化の過程の中で生じるものであり，うまく対処していくことが求められます。

表 5-2　第2段階の要約		
ライフタスク	養育性　対　閉塞感	
	夫婦の2者関係から子どもを含めた3者関係へ（3者関係のルールの構築）	
	日常生活の再編成（住居，生計，社交など）	
危機	【軽度】	
	育児が的確にできない，育児に専心しすぎる	
	【中等度】	
	妻の育児不安，夫が仕事へ逃避	
	【重度】	
	産後うつ，虐待	

岡堂（2000）を参考に筆者が再整理した。

5-2. ワークA　子どもの自立をどう考える？

── 事　例⑤ ──

　E家族は地域の中でも仲良し家族で有名です。週末はよく家族で出かけます。長女の真奈美さんは小学校5年生。最近は，お父さんと話すことが減ってきています。お母さんとも以前のように何でも話すような関係ではありません。むしろ，親友の香苗さんともっと過ごしたいと思っています。週末は友達と過ごすことが増えて，家族で出かけることが減ってきました。お父さんは，娘との会話も減って，娘が何を考えているのかさっぱりわかりません。お母さんは，娘は今までと同じよう元気で活発な子どもだと思っています。

◉　ワークの目的
　家族ライフサイクルの第3段階では，子ども自身の自立性と家族への所属感を高めることが発達課題となっています。家族の変化について理解するために，以下のワークに取り組みましょう。

◉　ワークの方法
　やり方は，以下のワークシートに書かれている質問に回答しましょう。

ステップ1
　事例を読んでお父さんにアドバイスしてみましょう。どんなアドバイスができますか？

ステップ2

事例を読んでお母さんにアドバイスしてみましょう。どんなアドバイスができますか？

5-3. ワークB　関係性の変化をどう考える？

― 事　例 ⑥ ―

　共働き夫婦のF夫妻は待望の第1子を得ました。妻は育児休暇をとって，自分たちが待ち望んだ子どもをしっかり育てようと頑張っています。妻の方は子どものために完璧な育児を目ざしています。でも，睡眠不足で疲れ果てています。そんな中，夫の方は帰宅が遅くなりがちで，子育ての出番はないと思っています。夫は休日になると自分の趣味のスポーツクラブに出かけます。夫はスポーツのない人生はあり得ないし，スポーツがあるから今の自分があると思っています。しかし，次第に生活の細々としたことがうまくいかずに口論が増えてきました。

● **ワークの目的**

　家族ライフサイクルの第2段階では，子どもを得たことで，夫婦の2者関係から子どもを含めた3者関係に移行する時期です。日常生活を再編成し，新たな家族のルールを作ることが発達課題となっています。家族の変化について理解するために，以下のワークに取り組みましょう。

● **ワークの方法**

　やり方は，以下のワークシートに書かれている質問に回答しましょう。

ステップ1
事例を読んで新米パパにアドバイスしてみましょう。どんなアドバイスができますか？

ステップ2
事例を読んで新米ママにアドバイスしてみましょう。どんなアドバイスができますか？

ステップ3
家族の変化について率直に意見交換してみよう。あなたはどんな助言をしましたか？他の人はどんな助言をしていましたか？もしあなたが子どもを得た時に，どんなことが気になりますか？話し合ってみましょう。

ステップ4
意見交換してみてあらためて気がついたことはありませんか？できるだけ具体的に書いてみましょう。

第6章

恋愛から子育てへ

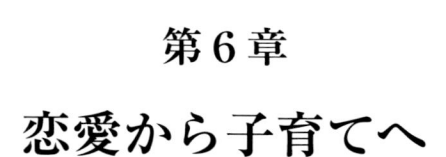
本章の概説

　第3章から第5章まで家族ライフサイクルの視点か
ら考えてきました。子どもを産み育てるということは
単なる出来事ではなく，変化の連続であることが理解
できました。

　本章では，パートナーの選択について見ていきま
す。配偶者選択によって家族は誕生します。子育ての
パートナーは誰でもよいというわけにはいかず，配偶
者選択は子育ての危機を回避するための戦略かもし
れません。配偶者選択は過程であり，その過程の中で
パートナーとの親密な関係性を構築していくことにな
ります。パートナーとの親密な関係性は子育ての基盤
となり得るものです。では，パートナーとどのように
親密な関係性を育めばよいのでしょうか？

6 恋愛から子育てへ

6-1. 講義

6-1-1. 目的

　本章では，配偶者選択と恋愛関係（婚約期）における親密性について学びます。子育ては一人ではできません。誰かに頼ることで子育てができます。つまり，配偶者もしくは一緒に子育てをする人に頼らざるを得ません。そこで，子どもを得る前の家族ライフサイクルの特徴とその危機と課題について見ていきましょう。

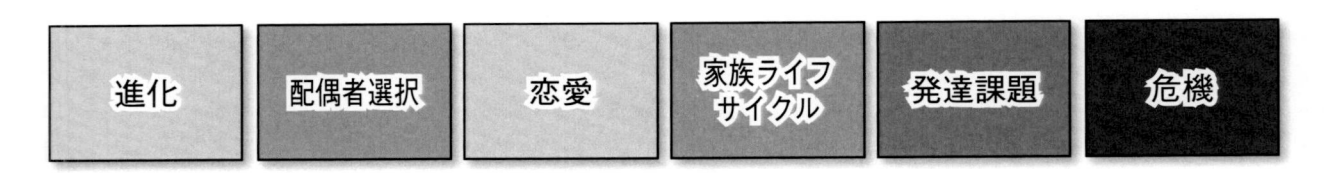

図 6-1　家族のライフサイクルと成人期の課題

6-1-2. 配偶者選択

◉　ヒトのペア・ボンド

　進化心理学の視点から人の関係について考えてみましょう。進化心理学では，ヒトの男性と女性の間にペア・ボンドがあると考えられています。ヒトには社会制度として結婚というものがあり，一夫多妻と完全な乱婚は排除されています（長谷川・長谷川，2000）。男性は多くの女性を妊娠させることができます。一方，女性は一度に妊娠できる数は限られており，妊娠期間が長く，多くの子どもを産めるわけではありません。また，ヒトの心理には，特定の異性に惹かれ，愛情を感じる，特定の相手を独占したい気持ち（嫉妬）といった特徴があります（長谷川・長谷川，2000）。中には例外の人もいます。様々な異性に惹かれる人，同性に惹かれる人など私たちの性は多様です。

　なぜ，ヒトのペア・ボンドはあるのでしょうか？ 2つの仮説があります。それらは，①子育ての助力と②他の男性からの保護です（長谷川・長谷川，2000）。子育ての助力とは，子どもを育てるには女性一人では困難です。男性との特定の結びつきをもつことで，効果的に子育てを成功させていると考えることができます。男性にとっても女性と協力することで，自分の子孫を残す可能性が高まります。ただ，長谷川・長谷川（2000）は，初期人類は集団で暮らしていたので，集団内部で食料の分配などをすればよいと述べ，子育ての助力説が特定の男女のペア・ボンドが生じる理由として否定的です。

　子育て中，様々な危機が生じ得ます。女性と子どもを他の男性から保護する役割がこのペア・ボンドにはあるというのが他の男性からの暴力の保護説です。また，男性同士が共同で狩猟をするといった連合関係にあることは人類の進化の途上で重要だと言われています（長谷川・長谷川，2000）。男性同士の連合関係は，互いに別の男性の配偶相手と性的関係を持つと揺らぎます（長谷川・長谷川，2000）。ただ，男性間の連合関係を維持するには，互いの配偶の権利を尊重するという男性間の一種の**互恵的利他行動**が必要になるが，そこに抜け道があれば連合関係は不安定になり，また，ペアになった相手が気に入らなければ他の配偶者を探し，本質的にペア・ボンドは完璧なものではなく，浮気や不倫の問題はつきまとう（長谷川・長谷川，2000），と言われています。また，第2章や第3章で見てきたように，特定の男性からの暴力や虐待問題もあります。このような限界がありますが，特定の男性との強い結びつきがあることによって，女性と子どもは危険から守られるという

考えはある程度は当てはまりそうです。

　女性が一人で出産し，子育てをするのは危険です。子どもが無事に育つには何年もかかります。その間，病気やケガ，飢餓などの危機があります。危機を乗り越えるために，誰かに頼って生きていく必要があります。だから，子どもの父親である男性との結びつきが重要になります。ただし、人の子育ては多様です。男性に頼れない場合，女性は誰に頼れるのでしょうか？この場合，子育て支援によって保護されます。その具体例は，以後の章で見ていきましょう。以上のような複雑な社会での適応という進化論的な考えに基づくヒトのペア・ボンドという観点から見ていくと，配偶者選択の奥深さが分かると思います。

◉　同類交配

　次に，現代社会での配偶者選択について見ていきましょう。長谷川・長谷川（2000）によると，Buss（1989）が世界 37 の社会における配偶相手に好ましい性質に関する調査を行っています。調査対象者の平均年齢は 23 歳でした。それによると，配偶者選択において，両性ともに，性格があうことや話があうこと，誠実で明るい人などが重要だと回答しました。また，男性は女性よりも女性の若さや身体的魅力を選び，女性は男性よりも男性の経済力や社会的な競争力を選んでいます。長谷川・長谷川（2000）は，Buss の調査でも狩猟採集民の調査でもいつも出てくるものとして，年齢が近くて，話があい，性格があう人を好んでいる点に着目しています。これを**同類交配**と呼びます。つまり，似た者同士の結婚です。このような性格や考え方が一致していることが，文化的ニッチェを共有しやすくさせ，適応度を上げていると考えられています（長谷川・長谷川，2000）。**文化的ニッチェ**とは，「同じ一つの文化に属する一つの社会で暮らすにも，さまざまなやり方があるのではないかということを比喩的に示したもの」です。ニッチェという概念から文化的ニッチェが考えられています。ニッチェとは，生態学的地位と呼ばれるものであり，ある生物が，どんな場所に住み，どんな時間に活動し，どんなものを食べ，どんな暮らし方をしているのかということを，他の生物との関係を考慮して数量的に表したものをいいます（長谷川・長谷川，2000）。例えば，筆者の観察によると，都市部で見られるスズメは気温が上がってくるとねぐらから出てきて電線にとどまって周囲を見わします。たいてい群れで移動し，特につがいで行動しています。移動しながら穀物類を好んで食べます。危険を感じると一声あげてから羽ばたき，それに続いて他の個体も羽ばたき，茂みに隠れます。しかし，メジロだと群れで行動する姿はほとんどみられず，つがいで行動し，花の蜜などを好んで食べています。このようなことをニッチェと呼びます。ニッチェの概念によって種間の違いを比較できます。文化的ニッチェとは，職業の違いなどであり，夫婦になってうまく繁殖成功をおさめるためには，両者が同じ文化的ニッチェにいなければならないのではないかと考えられています（長谷川・長谷川，2000）。やや専門的な話になってきましたが，ニッチェという考え方でヒトの配偶者選択を考えてみると，今後の子育てを考えるうえで重要な知見を与えてくれるかもしれません今後，配偶者選択の基準の中に「**子育て力**」のようなものが入ってくるかもしれません。子育て力とは筆者は次のように考えています。生殖能力や経済的能力，社会的地位，子育ての知識やスキル，子どもと上手に関係を結ぶことができる能力，周囲のサポートを引き出す能力といった社会的スキル，配偶者との親密な関係性を育む能力など総合的な力だと考えられます。このような子育て力が同じくらいの人を配偶者として選ぶのかもしれません。これらの力を文化的ニッチェとしてよいのか，筆者の勉強不足ですが，非常に興味深いと考えています。少なくとも，配偶者選択で実際に重要なことは，年齢が近い人，話があう人，性格があう人といった自分と似たところがある人（同類）で，かつ誠実で明るい人と生活をすることです。

6-1-3. 恋愛行動

● 恋愛行動の進展段階

　先に，配偶者選択について考えてきました。今度は社会心理学的な見方について説明します。恋愛が心理学のテーマになっています。ここでは，**恋愛行動の進展段階**について説明します（松井2006）。恋愛から婚約へと至る道筋が図に示されています。婚約することは先にも述べたように配偶者選択することと関連してきます。

　恋愛行動の進展段階は5段階あります（図6-2）。第1段階は，友愛的会話から始まります。友愛的会話とは，友人や勉強の話ができる関係，相談をする関係，家族のことや子どもの頃の話をする関係です。そこから，内面の開示が始まります。あまり他人には打ち明けない悩みを打ち明ける関係です。その後，つながりを求める行動が現れます。例えば，寂しいときに話をすることです。ここまでは同性の友人関係に起こりうることです。つながりを求める行動として，用もないのに電話をするようになってくると第2段階に入っていると考えられます。その他に第1段階に見られるものとして，協力があります。これは仕事や勉強の手伝いなどのことです。そこから，プレゼントをする関係になっていきます。さらに，一緒の行動をするようになります。例えば，デートや一緒に買い物をするなどです。プレゼントをする関係になってくると，第2段階に入っていると考えられます。別の第1段階に見られるものとして，性的行動があります。第1段階では，肩や身体に触れる程度のことです。性的行動の第2段階では手や腕を組むようになります。第2段階になってくると，喧嘩も起こります。ここでの喧嘩は口げんかです。第3段階に入ってくると，第1段階の友愛的会話から発展し，第3者への紹介が見られます。例えば，ボーフレンドやガールフレンドとして友人に紹介するようになり，そこから第4段階の恋人として友人に紹介するようになります。第3段階の性的行動はさらに進んでキスや抱き合うこと，さらに第4段階のペッティングや性交に至ります。喧嘩は口げんかから別れたいと思ったくらいの喧嘩をする関係になります。第5段階では，第3者への紹介と一緒の行動と関連して婚約へと至る関係につながっていきます。例えば，結婚の話をするようになる関係，実際に求婚する関係，結婚の約束をする関係，結婚相手として親に紹介するようにもなっていきます。このように，5段階で見ていくことで，最初の出会いから婚約へと至る道筋が明確に理解できます。この進展段階の過程の中で，配偶者選択が行われていると考えてよいでしょう。

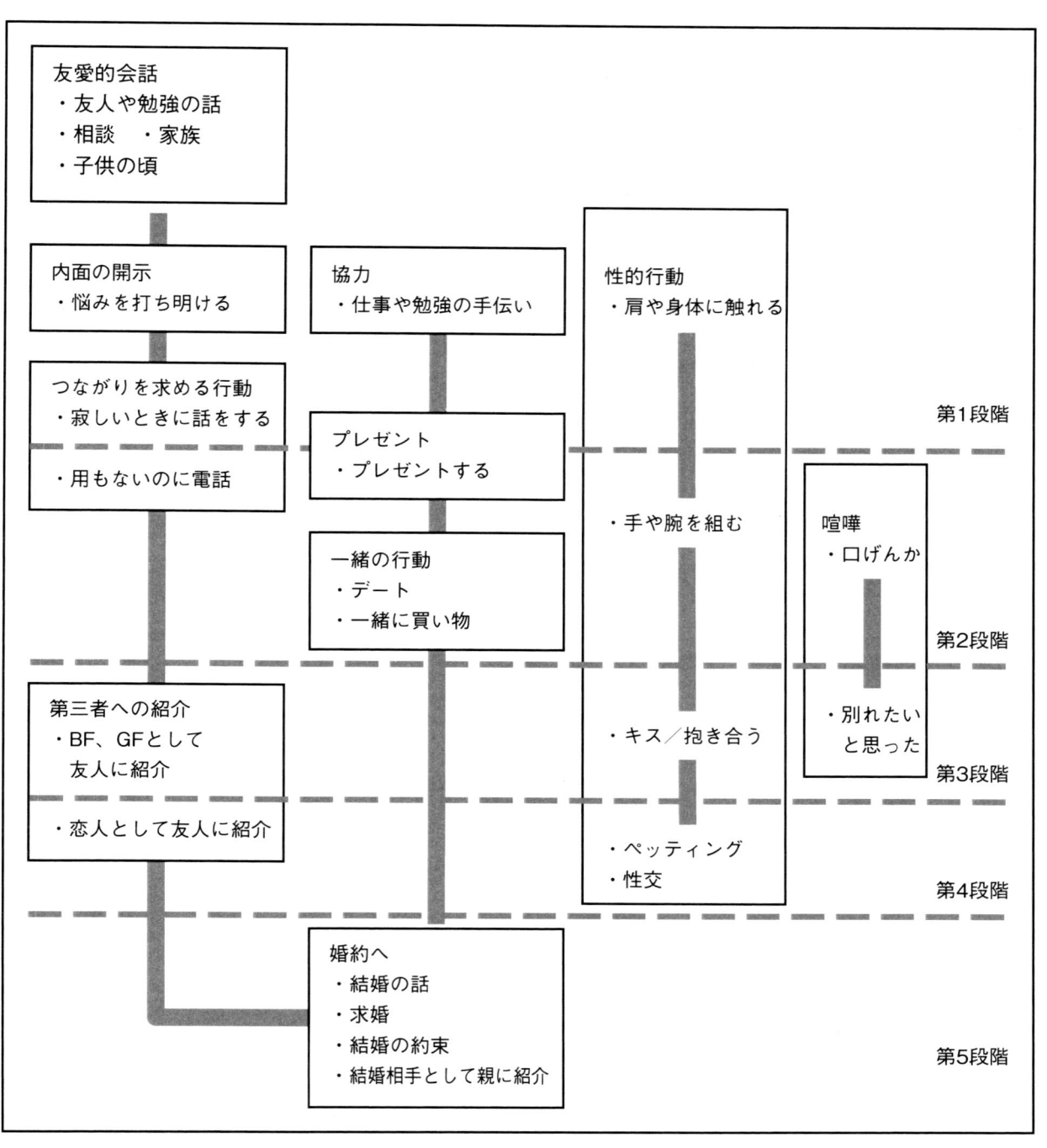

第1章

第2章

第3章

第4章

第5章

第6章

第7章

第8章

第9章

第10章

第11章

第12章

第13章

第14章

図 6-2　恋愛行動の進展段階（松井，2006）

6-1-4. 家族のライフサイクル：第1段階
● **家族ライフサイクルの重なり**

　復習しましょう。図6-3は家族ライフサイクルの重なりを示しています。第1世代と第2世代に分かれています。私たちが育った家族のライフサイクルが誕生から死へと続いていく中で（第1段階〜第6段階），子どもたちが成長し，子ども自身の家族を作っていくようになります。第1世代が第4段階から第5段階に移行する頃，第2世代は第1段階に入っていきます。このように，生物が命をつないでいるのと同じように，家族も命をつないでいくかのようです。

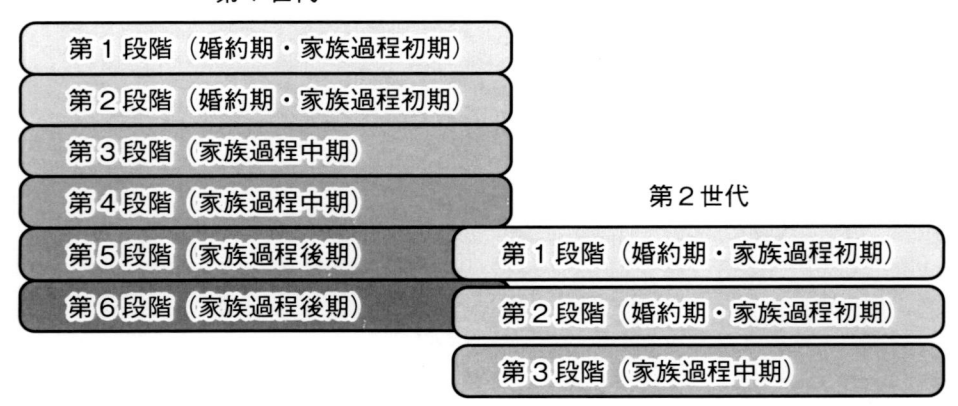

第1世代

- 第1段階（婚約期・家族過程初期）
- 第2段階（婚約期・家族過程初期）
- 第3段階（家族過程中期）
- 第4段階（家族過程中期）
- 第5段階（家族過程後期）
- 第6段階（家族過程後期）

第2世代

- 第1段階（婚約期・家族過程初期）
- 第2段階（婚約期・家族過程初期）
- 第3段階（家族過程中期）

図 6-3　家族ライフサイクルの重なり

◉ 第1段階のライフタスク

　岡堂（2000）を参考に，家族ライフサイクルの第1段階について見ていきましょう。第1段階のライフタスクは，「親密性　対　幻滅感」と考えられています。この時期は，子どもがいません。夫婦の2者関係の始まりの段階です。双方の家族から独立することが課題となる時期です。

◉ 第1段階の危機

　第1段階の危機を軽度，中等度，重度と整理して見ていきましょう。まず，軽度のものとして，利己性からの葛藤があげられます。二人で生活するということは，相手と自分の違いを認めるということです。親の保護から離れて自分の思い通りに生活してきた人であれば，二人の共同生活に不自由を感じる人もいるかもしれません。相手の生活リズムと自分の生活リズムが違うこともあります。具体的には，早寝早起きなのか，遅寝遅起きなのかで生活が異なってきます。些細なことのように思えるかもしれませんが，どういう家に住みたいかでもめます。もっというと，どういうインテリアにしたいかでもめます。キャラクターグッズの好きな女性と結婚すれば，インテリアはキャラクターで彩られるでしょう。そういうのが嫌いでシンプルなデザインを好む人は，部屋が落ち着かないと感じるかもしれません。また，「掃除はだれがするのか」ではなく，「掃除をすることを誰が決めるのか」でもめます。本当はどちらがやってもいいのですが，自分の主体性や主導権を損なうことに敏感になり，もめるのです。お金の使い方でももめます。何に比重をかけるのかでずいぶん個人差があります。例えば，健康を重視して食材は多少高くても国内産にしたいと考える人もいれば，健康は大事だけど，そこまでこだわらなくていいと考える人がいます。人との付き合いにも個人差があります。積極的にいろいろな活動に顔を出したい人や週末は家にいるよりもどこかに出かけたい人のように社交を重んじる人もいれば，そうでない人もいます。親との付き合いを大事にしたくて，月に一度は親を交えて食事をしたい人もいればそうでない人もいます。このような違いによって葛藤が生じることがあります。喧嘩になることもあるでしょう。小さな問題をその都度解決しながら，親密な関係性を育んでいく時期が第1段階です。中等度の危機は，夫婦で問題解決ができないことです。問題解決できずに，些細なことであったのが相手に憎しみを感じるようになっていくこともあります。第3章で見てきたように，家庭内暴力に発展することもあります。こうなってくると，第3者による支援が必要です。当事者では解決するのは難しいです。また，実家の親との癒着もあります。双方の家族からの自立が課題でした。しかし，実家の親との関係よりも新しいのが

パートナーとの関係です。パートナーでは割って入れない親子関係が婚約中や結婚後も影響し続けることがあります。よくあるのは実家の親の欲求を満たすことを優先してパートナーの欲求は無視されることです。このようなことが積み重なることで，問題解決ができないほどの葛藤が生じます。さらに，相手方の家族との葛藤もあります。相手の家柄（雰囲気）が自分の育ってきた家族とは異なる場合もあるでしょう。物事に対する考え方も異なることがあるでしょう。政治的な話や文化的な話，日常生活の些細な事柄に関することまで，自分とは相違があると感じることがあるでしょう。そしてパートナーとの違いもいっそう明確に自覚するかもしれません。このような違いが受け入れないことで，重度の危機として，離婚への傾斜，神経症の発症（抑うつ感など）に至ることがあります。筆者は，この時期の離婚は悪いとは思いません。お互いの親密性を育んでいく過程で別れを選ぶことは適応的な行動とも考えることができます。これまで何度も指摘してきたように，これらの危機は変化の過程の中で生じるものであり，うまく対処していくことが求められます。

表 6-1　第1段階の要約

ライフタスク	親密性　対　幻滅感 婚礼とハネムーン 双方の家族からの自立（住居，生計，社交など）
危機	【軽度】 　利己性からの葛藤 【中等度】 　夫婦で問題解決ができない，実家の親との癒着，相手方の家族との葛藤 【重度】 　離婚への傾斜，神経症

岡堂（2000）を参考に宇野が再整理した。

● 親密な関係を育むためのコツ

　親密な関係を育むためのコツは5つあります（岡堂，2000）。それらは，①類似性の認知，②ラポールの形成，③自己開示の促進，④役割の相補性の認識，⑤パートナーシップの結晶化になります。以下の図のような過程を経て結婚（長期的な結びつき）へと至ると考えます（図6-4）。

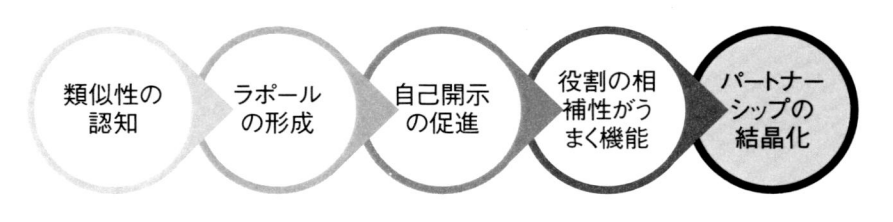

図 6-4　パートナーシップの結晶化

　パートナーシップの結晶化に至ると，カップルとしてのアイデンティティが確立されます。つまり，「僕」から「僕たち」へ，「私」から「私たち」へというような言い方をするようになるし，実際に何かを行動する際に2人であることを考慮するようになります。2人で一つのユニットを形成するような関係です。興味深いのは，パートナーとの関係は自己確立のプロセスとも一致するというこ

とです。例えば，恋愛関係の破たんを歌ったポップスの歌詞には「あなたじゃなくて，鏡の中の自分を愛していた」といったような趣旨のものが見られます。恋愛小説の題材にもなるテーマです。関係性の中で自分を見つめることになります。その過程があることで，人は成長しているようです。

類似性の認知とは，社会文化的な近似性，関心やパーソナリティの類似性，価値観の合意です。社会文化的な類似性は，社会的・経済的レベル（お金の使い方，職業，など），文化的素地（クラシック音楽かポピュラー音楽か，など），住まい方（食事，掃除，就寝時間，など），下町で育ったのか山の手で育ったのか，農村で育ったのか都市で育ったのか，といったことの類似性になります。関心やパーソナリティの類似性は，子どもが好きかどうか，趣味の内容とそれにかけるエネルギー（スポーツ，音楽など），共有できる関心事（仕事，趣味，社会的問題など），パーソナリティが積極的か消極的か，あるいは内向的か外向的か，といったことの類似性になります。価値観の合意は，「男は仕事，女は家庭」なのか「男も女の仕事」なのか，理想とする子どもの数，理想とする家族イメージといったことの類似性になります。

ラポールの形成とは，信頼感と充実感がますます得られること，二人でいることの意味が明確になること，心と体の結びつきが一致すること，相手への認識が極端に理想化せず，相手の悪いところもわかっている状態であることです。

自己開示の促進とは，相手への信頼感（ラポール形成）をベースにして，自分の立ち居振る舞いで相手に自分を開き示すことです。そこにいるだけで自分を開き示しています。言葉でも相手に自分を開き示します。自己開示とは，自己をありのままで開き示すことができることです。

役割の相補性の認識とは，自分と相手との違いを認めることです。つまり，お互いに相手への理解が深まると，お互いの違いが明確になります。ただし，違うことが嫌だと思う人，受け入れられない人もいます。また，相手との関係性を生きる自分であることを認めることです。つまり，相手の思い通りにならない自分，自分の思い通りにならない相手がいることに気づいていること，お互いに影響し合っていることへの自覚が芽生えることです。そして，相手の要求や願いを受け入れる過程を経ることで相補性の認識が深まります。それは，自分を殺さず生かす方向で生じるのが望ましいと考えられています。

以上見てきたように，親となる前に私たちは一人の人間としてパートナーとの親密な関係を構築していくことが求められています。単に相手のことが好きだからというだけでなく，子育てのことまで視野に入れると，いかに親密な関係性の構築が重要であるかがわかると思います。私たちは子育てのことまで含めて，配偶者を戦略的に選んでいるのかもしれません。

6-2. ワークA　結婚相手はどんな人？

● ワークの目的

配偶者選択や婚約期の親密な関係性について考えてきました。結婚相手の条件について考えてみましょう。また，他の人の考え方を知ることで，自分の考えを深めよう。

● ワークの方法

あなたには 100 万円あります。この 100 万円を使って，自分が結婚すると仮定した時に，以下の項目で結婚相手の条件として大切にしたいことに値段をつけてみましょう。合計が 100 万円となるように値段をつけます。なお，その他には，この項目にはないことがあればそこに記入してください。

　競りをしましょう。使えるお金は 100 万円以内です。何万円かけるかは自分で決めることができます。金額が一番高かった人が買い取ることができます。入札は 1 万円単位で行います。同額の場合は，さらに競りを行います。入札カード (13 枚) を印刷して使うと本格的です。また，男女別に入札すると，男女の違いが分かるかもしれません。

項目	目安の値段	落札価格	落札者
①　性格がよい	(　　　　　)	(　　　　　)	＿＿＿＿＿
②　健康である	(　　　　　)	(　　　　　)	＿＿＿＿＿
③　収入がよい	(　　　　　)	(　　　　　)	＿＿＿＿＿
④　趣味が一致する	(　　　　　)	(　　　　　)	＿＿＿＿＿
⑤　家事が上手	(　　　　　)	(　　　　　)	＿＿＿＿＿
⑥　顔，スタイルがよい	(　　　　　)	(　　　　　)	＿＿＿＿＿
⑦　将来性がある	(　　　　　)	(　　　　　)	＿＿＿＿＿
⑧　私の考えを理解してくれる	(　　　　　)	(　　　　　)	＿＿＿＿＿
⑨　私を大切にしてくれる	(　　　　　)	(　　　　　)	＿＿＿＿＿
⑩　一人っ子や長男・長女ではない	(　　　　　)	(　　　　　)	＿＿＿＿＿
⑪　私の家族とうまくやっていける	(　　　　　)	(　　　　　)	＿＿＿＿＿
⑫　子どもが好き	(　　　　　)	(　　　　　)	＿＿＿＿＿
⑬　その他 (　　　　　)	(　　　　　)	(　　　　　)	

図 6-5　結婚相手の条件

項目名

　　　　　　　　　　　　　　　　　　円

競り落としたい理由

氏名

図 6-6　入札カード

ステップ1

他の人と比べてあなたはどんな特徴がありましたか？

ステップ2

人気のあったものは？また，人気の理由は？

ステップ3

人気のなかったものは？また，人気のない理由は？

ステップ4

あなたが必要ないと思ったものなのに，他の人が欲しがったものはありましたか？

ステップ5

　結婚相手の条件について率直に意見交換してみよう。あなたはどんな考えですか？他の人はどんな考えをしていましたか？話し合ってみましょう。

ステップ6

　意見交換してみてあらためて気がついたことはありませんか？できるだけ具体的に書いてみましょう。

　※　ワークの作成にあたって，牧野（編著）（1996）人間と家族を学ぶ家庭科ワークブックを参考にしました。

コラム　白装束

　婚礼では，白い衣装を着ます。これを白装束と呼びます。実は，白装束は死を象徴するものです。結婚は象徴的な意味でのそれまでの自分の死を意味し，新たな自分として再生していくための儀式です。この新たな自分はパートナーとの関係性の中で育まれていく自分です。このように考えると，自分の死，すなわち喪失体験であることが分かります。だから，結婚も人生における危機となり得るのです。結婚式やハネムーン旅行の計画でカップルは，さまざまな葛藤を経験します。これらは，これからの結婚生活のいわば「練習問題」にあたるのかもしれません。自分を見つめなおす機会にもなるでしょう。白装束を着るには覚悟が必要なのです。

第7章
親となることによる発達

本章の概説

　第3章から第6章まで家族ライフサイクルの視点から考えてきました。配偶者選択によって家族は誕生します。そして，子どもを得る人もいるでしょう。子どもを得るということは，それまで多くの人が経験をしたことのない「親」になることです。では，親になることとはどういうことでしょうか？

　本章では，親となることによるパーソナリティの発達について見ていきます。

7 親となることによる発達

7-1. 講義
7-1-1. 目的
　本章では，親となることによってパーソナリティ（人格）が発達すると考えられていることについて説明します。子育てをすることによって親の人格的発達が促されると考えられています。そして，「親となること」という視点から子育ての意義について考えましょう。

図 7-1　家族のライフサイクルと青年期の課題

7-1-2. 人格とは
　人格（personality）とは，「人の，広い意味での行動（具体的な振る舞い，言語表出，思考活動，認知や判断，感情表出，嫌悪判断など）に時間的・空間的一貫性を与えているもの」とされています。性格との区別は実際のところさほど明確ではなく，性格（character）が，「刻みつけられたもの」という意味の言葉から派生し，人格（personality）が，「仮面」という言葉を語源に持つことから，後者には比較的変化のある外界との適応のさまを表面的に捉えたものという意味があります（中島義明・安藤清志・子安増生・坂野雄二・繁桝算夫・立花政夫・箱田裕司, 1999）。日本語の「人格者」という価値判断がともなう言葉とは違うことを明確にするために，学術的にはパーソナリティという表現が好まれています。

7-1-3. 「親となる」ことによる人格発達
● どうやって発達していることがわかるのか？
　ここに興味深い研究があります。「親となる」ことによる人格発達という研究です（若松・柏木, 1994）。「親となる」ことによってどのような人格的・社会的な行動や態度に変化（親の発達）が生じたか，という問いを立てて研究が行われています。発達心理学では，「子どもの○○の発達に及ぼす親の△△の影響」という研究がたくさんあります。例えば，○○に知能，△△には養育態度といった概念が入ります。しかし，この研究はその逆の発想です。親が子どもを得ることによって発達するのではないか，という視点です。

　この研究では，「お子様が生まれる前（親になる前）と後（親になってから）とで，どのような変化をお感じでしょうか？」という質問をすることで親のパーソナリティの発達を把握しようとするものです。具体的には，研究者が作成した質問紙に親となった人に回答してもらいます。その回答結果を計算・集計し，統計的分析を行っています。回答者は，3〜5歳の幼児を持つ父親と母親346組でした。

　表7-1には親となることによる成長・発達についての調査結果が整理されています（若松・柏木, 1994）。この調査では親となることによる成長・発達を「柔軟さ」，「自己抑制」，「運命・信仰・伝統の受容」，「視野の広がり」，「生き甲斐・存在感」，「自己の強さ」という側面から捉えようとしています。これら6つを因子と呼んでいます。これらの因子を構成するものが「7-2 ワーク A のステップ1」

に書かれています。例えば、親となることによって「角がとれて丸くなった」のであれば、このことをもって「柔軟さ」が成長・発達したと考えます。表をみると、6つの因子のすべてで父親よりも母親の方の平均値が高いことが示されています。Pというのは確率のことで、統計的に父母の平均値の差が有意なのかどうかを示しています。

表7-1　親となることによる成長・発達（柏木・若松，1994）

	父		母	P
第Ⅰ因子　柔軟さ	2.40 (.74)	<	2.83 (.61)	***
第Ⅱ因子　自己抑制	2.57 (.72)	<	2.99 (.62)	***
第Ⅲ因子　運命・信仰・伝統の受容	2.71 (.73)	<	3.12 (.54)	***
第Ⅳ因子　視野の広がり	2.21 (.67)	<	2.60 (.63)	***
第Ⅴ因子　生き甲斐・存在感	2.82 (.57)	<	2.95 (.53)	***
第Ⅵ因子　自己の強さ	2.35 (.69)	<	2.52 (.58)	***

**p<.01 ***p<.001

本当に親となることによる人格の発達は起こり得るのか？

　この研究の課題点は，比較対象がないということです。親ではない人を対象とした場合と親となった人とを比較して結果に有意な差が生じるかどうかを検証する必要があります。また，親になること以外の要因は何かということです。人格の発達は，親となること以外の諸要因（職業経験など）によって影響を受けるのではないかという批判です。しかし，このような批判があっても，「親となる」ことによる人格の発達といってもよい（若松・柏木，1994），と述べられています。なぜなら，親からの主観的な言語反応の中には「やっぱり親になると…」や「親としての苦労で…」という表現があるからです。以上のような課題は残されています。それでも，様々な面にわたる人格的な発達を定量的に明らかにした（若松・柏木，1994）のは画期的です。

生涯発達

　人は生涯発達するというものの見方があります。この生涯発達の視点から，すべての母親と父親は人格的に発達していると考えられます。この人格的発達の程度の差の違いを検討しています。

　人格というと，人格者や人格の完成という言葉があるように完璧な人格を目指さなければならないという考えが生じる人もいるかもしれません。しかし，人格の完成した人を筆者は未だに知りません。そのような完璧な人はいないと思います。同様に完璧な親もいません。自分が完璧ではないことを受け入れることの方が重要だと筆者は考えます。完璧を求めるあまり，自分にも子どもにも過度の負担をかけることがあります。例えば，朝は夫のために栄養価の高い朝食を用意し，赤ちゃんが起きるまでに食器洗いと洗濯をし，赤ちゃんが目覚めればすぐに授乳し，おむつを交換し，赤ちゃんを抱きかかえながら洗濯物を干す。このような家事や育児は自分の思い通りにいきません。特に育児と効率とは相性が悪いと思います。完璧を求めることで効率よくできない自分を責め，さらに頑張ってしまう。頑張れば頑張るほど終わりがない家事や育児に疲れ果ててしまう。このよう

な悪循環になってしまい自分の力では対処できなくなることがあるでしょう。悪循環にはまっていることに気がつかないこともあります。

◉ ほどほどの親でよい

　完璧な親ではなく，ほどほどの親でよいのです。これを「**普通の献身的なお母さん**」という言葉で表現されています（Winnicott, 1987 成田善弘・橋本真弓訳 1993, pp.15-26）。親は子どものために献身しなければなりません。なぜなら，赤ちゃんはお母さんのお腹の中にいるときから，お母さんに絶対的に依存しなければ生きていけないからです。成長とは，依存から自立へと至る過程です。その過程の中で親は子どもに献身的な世話をします。その献身が普通でよいというのです。言い換えると，子どもが「完全に失望」しない程度に失敗してもよいということです。失敗を含めて子どもの世話をすることで親になっていくのです。

　気がついたら，自分は成長していたというくらいの余裕があるとよいと思います。そして，成長の機会を与えくれた子どもに感謝する日が来ることでしょう。

7-2. ワークA　親になることによる人格が発達する理由を考えよう

◉ ワークの目的

　親になることによる人格の発達があるとされています。人格の発達とはどういうことなのか理解を深めましょう。また，他の人の考え方を知ることで，自分の考えを深めよう。

◉ ワークの方法

　やり方は，以下のワークシートに書かれている質問に回答しましょう。

ステップ1

　以下，親となることによって発達すると考えられている人格の側面が列挙されています。今の自分に当てはまるか考えてみましょう。当てはまると考えられたら，□にチェックを入れましょう。

① 「柔軟さ」	□ 角がとれて丸くなった。 □ 他人に対して寛大になった。 □ 度胸がついた。 □ いろいろな角度から物事を見るようになった。	□ 考え方が柔軟になった。 □ 精神的にタフになった。 □ 小さなことにくよくよしなくなった。
② 「自己抑制」	□ 他人の迷惑にならないように心がけるようになった。 □ 他人の立場や気持ちをくみとるようになった。 □ 自分本意の考えや行動をしなくなった。 □ 思い通りにならないことがあっても我慢できるようになった。	□ 自分のほしいものなどが我慢できるようになった。 □ 人との和を大事にするようになった。 □ 自分の分をわきまえるようになった。 □ 倹約するようになった。

③「運命・信仰・伝統の受容」	□ 日本や世界の将来について関心が増した。 □ 児童福祉や教育問題に関心をもつようになった。 □ 協力することの大切さがわかるようになった。 □ いろいろな人に支えられていると感じるようになった。 □ 日本の政治に関心が増した。	□ 環境問題（大気汚染・食品公害など）に関心が増した。 □ 一人一人がかけがえのない存在だと思うようになった。 □ 弱い立場の人に思いやりをもつようになった。 □ どの様な人にもその人なりの良さがあると感じるようになった。
④「視野の広がり」	□ 物事を運命だと受け入れるようになった。 □ 人間の力を越えたものがあることを信じるようになった。 □ 伝統や文化の大切さを思うようになった。	□ 運や巡りあわせを考えるようになった。 □ 長幼の序は大切だと思うようになった。 □ 常識やしきたりを考えるようになった。 □ 信仰や宗教が身近になった。 □ 情にもろくなった。
⑤「生き甲斐・存在感」	□ 生きている張りが増した。 □ 自分がなくてはならない存在だと思うようになった。 □ 目先のことより，将来のことを考えて行動するようになった。 □ 気持ちが安定した。 □ 慎重になった。	□ 長生きしなければと思うようになった。 □ 子どもへの関心が強くなった。 □ より計画的になった。 □ 子ども好きになった。 □ 一人前になった気がした。 □ より大人になったと感じる。 □ 自分の健康に気をつけるようになった。
⑥「自己の強さ」	□ 自分の立場や考えはちゃんと主張しなければと思うようになった。 □ 多少他の人と摩擦があっても自分の主義は通すようになった。	□ 物事に積極的になった。 □ 妥協しなくなった。 □ 目的に向かって頑張れるようになった。

ステップ2

　なぜ親になることで人格の発達が起こるのでしょうか？親となることによる人格の発達の中で，どれか一つの項目に着目して，その理由を考えてみましょう。例えば，⑥「自己の強さ」の中に「多少他の人と摩擦があっても自分の主義は通すようになった」があります。なぜでしょうか？親となることの何が人格の発達を促すのでしょうか？

着目した項目：「　　　　　　　　　　　　　　　　　　　　　　　　　　　　」

理由：

ステップ3

　親となることによる人格の発達について，あなたはどんな考えですか？他の人はどんな考えをしていましたか？話し合ってみましょう。

ステップ4

　意見交換してみてあらためて気がついたことはありませんか？できるだけ具体的に書いてみましょう。

　※　ワークの作成にあたって，若松・柏木（1994）を参考にしました。

7-3. ワークB　親になること，ならないこと

● ワークの目的

　子どもに対する様々な考え方がある中で，自分の生き方と重ねながら，親になること，ならないことを考えてみましょう。また，他の人の考え方を知ることで，自分の考えを深めよう。

● ワークの方法

　やり方は，以下のワークシートに書かれているそれぞれの人物の発言に対して自分の言葉で答えましょう。

ステップ1

「生まれたての本物の赤ちゃんって見たことがないから実感がわかないけど…子どもに取られる時間はわずらわしいし，いない方が楽だよね。」（23歳，会社員，男性，独身）

ステップ2

「子どもより夫婦関係，友人関係の方にお金や時間をつかいたいなぁ。」（夫 26 歳，妻 25 歳の共働き夫婦）

ステップ3

「子どものおかげでずいぶん成長したし人間関係も広がったなぁ。」（夫 37 歳，妻 35 歳，長男 8 歳，長女 6 歳の 4 人家族）

ステップ4

「子どもを育てても何ももうかりません。でも，育てる楽しみがある。子どもがいないのって空しくないでしょうかね？！」（夫 47 歳，妻 45 歳，長男 13 歳，長女 12 歳，次男 10 歳，次女 9 歳の 6 人家族）

ステップ5

　親になること，ならないことについて率直に意見交換してみよう。あなたはどんな考えですか？他の人はどんな考えをしていましたか？もしあなたが子どもを得た時に，どんなことが気になりますか？話し合ってみましょう。

ステップ6

　意見交換してみてあらためて気がついたことはありませんか？できるだけ具体的に書いてみましょう。

　※　ワークの作成にあたって，牧野（編著）（1996）人間と家族を学ぶ家庭科ワークブックを参考にしました。

第8章
出産前後の子育て支援サービス

本章の概説

　前章では，親となることによる人格の発達について見てきました。子育ては子どもを育てる側面だけでなく，育てる側の成長や発達を促す契機であることがわかりました。

　本章では，出産前後に取り組まれている子育て支援サービスについて見ていきます。子どもを産むということは女性とその家族に大きな変化をもたらします。特に，心理的側面と社会的側面の変化に着目してみましょう。

8 出産前後の子育て支援サービス

8-1. 講義

8-1-1. 目的

　本章では，出産前後の子育て支援サービスについて理解するために，妊娠から出産にいたるまでの危機とは何か，子どもを産み育てることを支援するためにどのようなサービスがあるかについて見ていきましょう。

8-1-2. 出産前後とは

　出産前後の時期を表す言葉は様々です。以下，小松・坂間 (2010) によると，「**周産期**」とは，広義では，妊娠してから生後 4 週間の時期を指します。狭義では，妊娠 22 週から生後 7 日未満までの時期のことを言います。「**妊娠期**」とは，受精卵の着床から始まり，胎芽または胎児および付属物排出を持って終了するまでの状態を言います。「**産褥期**」とは，妊娠・分娩によって生じた母体の全身および性器の解剖学的・機能的変化が妊娠前の状態に戻る時期のことです。産褥期は約 6 〜 8 週間です。産褥期にある女性を褥婦と呼びます。

　一方，小松・坂間 (2010) によると「**新生児**」とは，生後 28 日未満の児のことです。「**新生児期**」とは，妊娠や分娩の影響が消失し，子宮外独立生活への生理的適応過程がほぼ完了する期間のことです。

8-1-3. 妊娠期の母親の心理・社会的変化

　母親の変化は，妊娠の受容と母性意識の発達，母親役割の取得，母親の心理過程，絆 (ボンディング) と愛着 (アタッチメント) の形成，マタニティブルーズといった視点から見てきましょう (小松・坂間, 2010)。

● 妊娠の受容と母性意識の発達

　小松・坂間 (2010) によると，妊娠初期は妊娠したことの実感があまり芽生えません。しかし，胎動を感じるようになると「命」への自覚がはっきりしはじめます。妊娠を受け入れられないと自己嫌悪や胎児への否定的な気持ちが生じることがあります。妊娠末期になると，分娩への不安や恐怖を感じるようになります。

　図 8-1 は妊娠に対する感情が揺れ動いていることを示しています。

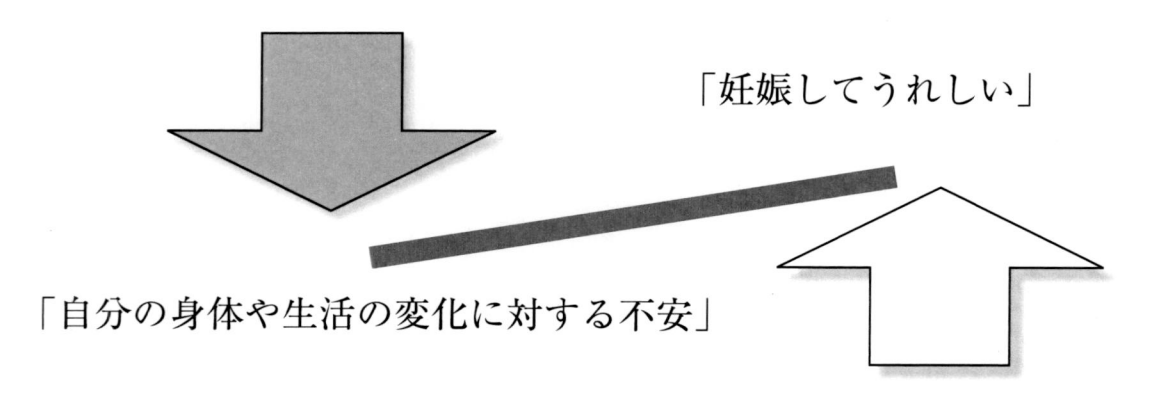

「妊娠してうれしい」

「自分の身体や生活の変化に対する不安」

図 8-1　妊娠に対する両価的感情

● 母親役割の取得

　小松・坂間（2010）によると，妊娠を受け入れることができると，母親役割取得に向けた準備を始めます。母親役割モデルを探すようになり、母親や妊婦に関心が向き始めます。育児用品を準備し，生活習慣を変えるようになります。例えば，喫煙や飲酒を避けます。それから，母子保健指導を受けます。例えば，母子保健手帳の活用や栄養に関する知識の獲得，母親学級への参加などです。

● 母親の心理過程

　ルービンによる**母親の心理過程**は受容期，保持期，開放期の３つの段階で理解することができます（小松・坂間，2010）。

　受容期は，産褥２日くらいまでの受け身的で依存的な時期です。この時期は，自分自身への関心が高まります。出産による痛みや疲労が緩和する時期です。母親は自分自身の基本的欲求の充足を望みます。そして，自分の出産体験の意味づけを行い始めます。他者に促されて新生児の世話を行います。

　保持期は，産褥３〜10日くらいまでで，この時期は母親が自律的な状況へ移行します。関心をもって我が子を確認します。子どもの様子に一喜一憂します。授乳や育児の技術を熱心に学ぼうとします。ただ，母親は不安で傷つきやすい時期です。

　開放期は，母親としての役割を受け入れていく時期です。母親以外の社会的役割（職場，地域など）の優先順位を下げます。子どもとの身体的分離を受け入れ，適応し始めます。時に，**想像上の赤ちゃん**と現実の赤ちゃんとの違いによる悲嘆感情を持つことがある。

● 絆（ボンディング）と愛着（アタッチメント）の形成

　絆（ボンディング）とは，クラウスとケネルによって提唱された概念です。出産直後からの母子の早期接触により母親から子どもに向かう絆が形成されます（小松・坂間，2010）。

　一方，**愛着**（アタッチメント）とは，ボウルビィによって提唱された概念です。子どもが生存のために養育者（多くは母親）との近接性を保持する行動と情緒的結びつきのことを言います（小松・坂間，2010）。これらは，母から子へ，子から母へという母子相互作用によって形成されていくと考えられています。

● マタニティブルーズ

　小松・坂間（2010）によると，**マタニティブルーズ**とは，産褥２・３日から10日ごろまでに起こる不安定な状態を言います。軽度なもので一過性のうつ状態のことを言います。一般に，経産婦よりも初産婦に多く見られます。原因はあきらかではありませんが，内分泌動態の急激な変化が関与していると考えられています。特別な治療の必要はなく，２週間ほどで自然に症状が消失すると考えられています。涙もろさ，不安感，焦燥感，疲労感，不眠，頭痛，食欲不振，集中力の低下，育児への負担感などが現れます。

　ただ，以上の症状が長引いているときは，家族の人が積極的に治療につなげる必要があります。

8-1-4. 家族の変化

　母親だけでなく，家族も変化します。具体的には，父親の変化，きょうだいの変化，祖父母の変化といった視点から見ていきましょう。

◉ 父親の変化

　小松・坂間 (2010) によると，父親は胎動を感じることができても，父親としての自覚は漠然としていることがあります。父親としての実感は，実際に子どもを見たときや抱いたときに高まることが多いとされています。多くの父親は，よりいっそう仕事に励むことが父親の役割だと考えるかもしれません。ただし，父親は母子をサポートする役割として重要です。

　父親も育児をすることができます。グリーンバーグは父親の**没入感情**という概念を提唱しています。没入感情とは，父親の生得的で潜在的な能力であり，出生後の早期接触で触発され，父子のつながりを促進するものです (小松・坂間, 2010)。具体的には，7つ取り上げられています。

①	・わが子に対する視覚的認識をする（魅力的，かわいい，美しい）。
②	・わが子に対する触覚的認識をする（触れたい，抱きたい）。
③	・わが子の顔つきをはっきりと意識する。
④	・わが子を「完全」と認識する。
⑤	・わが子に強く魅惑され，父親が自分の注意を集中させる。
⑥	・わが子の誕生に引き続き，極端に気分が高揚する。
⑦	・はじめてわが子を見たとき自尊心の高揚を経験する。

図 8-2　父親の没入感情（小松・坂間, 2010）

◉ きょうだいの変化

　小松・坂間 (2010) によると，きょうだいを得たことによって上の子どもの成長や発達の機会になり得ます。例えば，上の子どもは，お兄ちゃんやお姉ちゃんになる喜びを感じます。また，新生児への愛情ある態度を示したり，自立した行動ができるようになったりなどです。きょうだいや親の手伝い（できる範囲で）をすることによって，自己肯定感の促進なども見られます。一方，親の自分に対する関心が乏しくなることによって下の子どもに敵対心を抱くことがあります。年少の子どもだと「赤ちゃん返り」と呼ばれる現象が見られます。例えば，指しゃぶりや夜尿が再燃することがあります。

　小学校低学年くらいまでだと，もしかすると「自分は必要ない子ではないか」と思い，家出をもくろむかもしれません（想像の中であるいは，実際に）。先に見てきたように，母親も父親も新しい家族メンバーに没頭しがちです。つい，周囲の大人は赤ちゃんに関心が向きます。そういう時に，きょうだいは寂しい思いをしているかもしれません。きょうだいもかけがえのない家族だということを子どもにわかるようにその子だけの時間を過ごすなどの工夫があるとよいかもしれません。

◉ 祖父母の変化

　小松・坂間 (2010) によると，初孫の誕生は，祖父母という新しい役割を担わせることになります。祖父母は，娘や息子とそのパートナーとの関係の変化に対して適応していくことが求められます。新しい役割といっても多様です。したがって，新たな関係を作っていくしかありません。

　祖父母が子育てのサポートの提供者として期待されています。里帰り出産という習慣があるように，女性の中には自分の母親（祖母）のもとに戻って出産する人がいます。その方が出産に対する負担が少ないのでしょう。松田（1973）は，おばあちゃんの真価を認めないわけにはいかないと述べています。松田（1973）は「おばあちゃんの個人的な経験だ，と思っているもののなかに，何千年か日本列島に住んでいる日本人の，生活体験の遺産がひそめられているのです。…（筆者中略）…日本の風土と習慣とのうえに何千年か生きてきたやり方は，その後は医者を通じては教えられませんでした。これを今日に伝えてきたのが，おばあちゃんなのです」と述べています。明治維新後，西洋式の子育ての方法が輸入されました。西洋式の子育ての良い所もあるでしょう。しかし，極東アジアの島国という風土や民族性から生まれた子育ての良さもあるはずです。ただ，先に祖父母の新しい役割への適応と言うことも述べました。おばあちゃんの子育ての知恵を大事にする一方で，親としての責任を果たせるように祖父母世代が親（娘や息子）との適度な距離を保ちつつ，関係していく難しさもあります。

● 家族の危機

　妊娠は喜ばしいことであると同時に，それまでの安定した生活の再編を促す出来事です。家族は，それぞれの役割を調整する必要が出てきます。つまり，子どもを得るということは家族関係にも変化が生じてくるということです。この「変化」は発達の契機（チャンス）でもあり，危機（ピンチ）ともなり得るものです。

8-1-5. 医療的ケア

　母子の健康を優先します。産むことは「命」にかかわることです。日本は医療先進国です。妊娠や出産で命を落とす人は少ないですが，ゼロではありません。

　妊娠の兆しがあれば産婦人科を受診し，**医療的ケア**を受ける必要があります。なぜなら，妊娠したことによる負荷によって健康障害が生じることがあるからです。例えば，「妊娠高血圧症候群」，「早産・切迫流産」などの危険が高まります。

　「駆け込み出産」という言葉があります。妊娠しているのに，一度も医療的ケアを受けず，陣痛が始まると救急車を呼ぶケースのことです。このような場合，産むまでの医療的ケアを受けていないので，出産に伴うリスクが高いと言えるでしょう。

　あるいは一人で産むケースもあります。妊娠してもだれにも頼ることができない人は一人でこっそり子どもを産みます。産んだ後，育てることができず子どもをネグレクトするケースもあります。新生児が捨てられるケースも報告されています。

　医療的ケアを受けない理由は，経済的に困難，望まない妊娠，妊娠の知識不足，本当に気がつかない場合，など様々です。母親だけでなく，胎児の命の危険性が生じ得ることなので，医療的ケアを受けないということは胎児への虐待と母親自身の自傷行為と考えることができます。

8-1-6. 妊娠期の教育

　分娩・育児への準備教育として，**母親学級や両親学級**というものが自治体の保健センターなどで開かれています。妊婦と家族がより良い心身の状態で分娩に挑み，安全で満足できる分娩を体験し，その後に続く育児をスムーズに始めるための支援です。妊婦健診時の保健指導（個別）や母親学級・両親学級（集団）の2つの形式があります。母親学級・両親学級の内容は，①分娩場所（病院・診療所・助産所・自宅），②妊娠・分娩・産褥経過と過ごし方の理解，③新生児の特徴と育児方法の理解，④

母乳育児についての理解，⑤バースプラン作成，⑥出産準備用品，⑦育児用品の準備，などです。

8-1-7. 産後ケア

　産後ケアとは「産褥期からの母親が，心身ともに健やかに育児に関わっていけるように気を配ること」をさします（福島・みつい，2014）。産後ケアの方法はいくつかあります。「滞在型宿泊施設」における産後ケア，助産院を活用した産後ケア（例えば，埼玉県和光市，神奈川県横浜市），産後ヘルパー派遣事業・養育支援訪問事業・乳児家庭全戸訪問事業といった訪問型の産後ケア，産後ドゥーラ，ホームスタートといった民間団体による産後ケアというように多様なサービスが整いつつあります（福島・みつい，2014）。中でも，全国初の「滞在型宿泊施設」として武蔵野大付属産後ケアセンター桜新町（東京都世田谷区）が開設されたのが 2008 年です（福島・みつい，2014）。

　ここでは，出産後の母親の心身のケアや育児指導を行っています（読売新聞，2013）。料金は，1 泊 2 日で 64,000 円です。しかし，世田谷区民は 1 割（6,400）負担で利用できます。4 か月未満が対象で，未就学のきょうだいも泊まれる施設です。食事は産後の身体に優しい野菜中心のメニューが 3 食用意され，施設では，食事や入浴や夜間も赤ちゃんを預けることができます。昼間は助産師が付き添い，授乳や抱っこの方法，泣き止まない時のコツなど教えてくれる場所です。産後の身体の回復を促す体操教室やマッサージも行っています。臨床心理士によるカウンセリングもあります。

8-2. ワークA　出産前後の変化をどう考える？

● ワークの目的

　出産に伴って心理的・社会的な変化が生じます。こうした変化は自然に起こるもので，その変化に適応することが重要です。出産前後の家族の変化について理解するために，以下のワークに取り組みましょう。

● ワークの方法

　やり方は，以下のワークシートに書かれている質問に回答しましょう。

ステップ1

　出産前後の子育て支援サービスに予防教育（母親・両親学級）や産後ケアについて学びました。これらの支援についてどういう感想を持ちましたか？

ステップ2

出産前後で家族にいろいろな変化が起こるようです。そのような変化についてどういう感想を持ちましたか？

ステップ3

もしあなたが子どもを得た時に，どんなことが気になりますか？話し合ってみましょう。

ステップ4

意見交換してみてあらためて気がついたことはありませんか？できるだけ具体的に書いてみましょう。

コラム　日本で初めて乳児死亡率ゼロを達成した村

　生まれてくる赤ちゃんの命は保障されなければなりません。なぜなら，日本国憲法25条に「すべて国民は，健康で文化的な最低限度の生活を営む権利を有する」とあり，「国は，すべての生活部面について，社会福祉，社会保障及び公衆衛生の向上及び増進に努めなければならない」からです。これを国民の生存権と国の保障義務と言います。

　日本でいち早く乳児死亡率ゼロを目指した村があります。それは沢内村（現在の岩手県西和賀町）です。ここは秋田県の県境にある豪雪地帯です。また，医療の空白地帯でした。県や国に先駆けて1960年（昭和35年）に乳児の医療費を無料にし，1962年（昭和37年）に乳児死亡率ゼロを達成しました（鈴木，2009）。なお，当時の日本の全国平均は1960年で30.7%，1965年で18.5%です（国立社会保障・人口問題研究所，2015）。

　旧沢内村の生命行政から学べることは多いと思います。旧沢内村を題材にした書籍や映画がたくさんあります。あなたも研究を進めてみませんか？生まれてくる赤ちゃんのために，死にゆく人のために何かできるはずです。

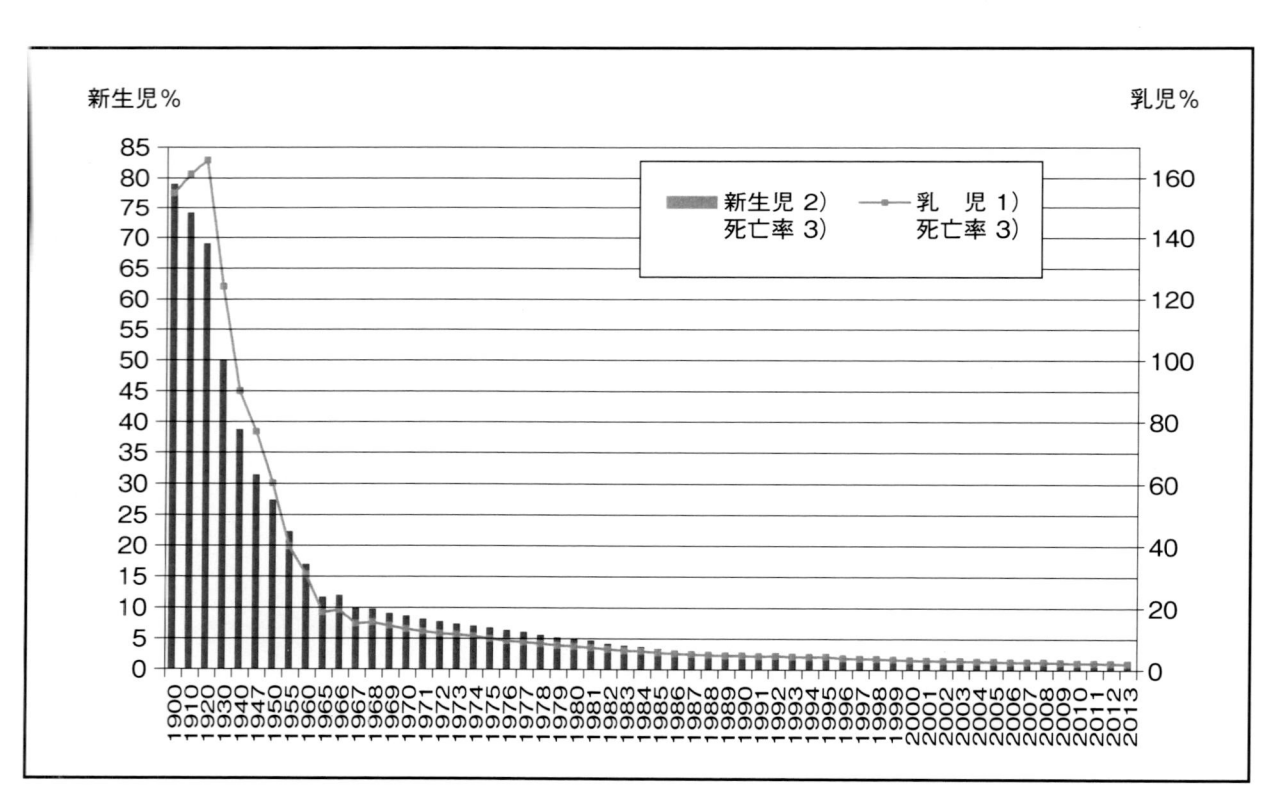

図 8-3　新生児・乳幼児死亡率（国立社会保障，人口問題研究所2015を筆者が作図した）
1）生後1年未満の死亡，2）生後4週未満の死亡，3）出生1,000について

第9章

保育サービス

本章の概説

　前章では，妊娠から出産における変化と危機について見てきました。妊娠と出産は命にかかわる出来事です。妊娠と出産を契機に，女性は母親役割を取得していきます。そこでは母親の特徴的な心理過程がありました。養育を通して親子のつながりが形成されていきます。それがボンディングとアタッチメントというものでした。また，父親の変化，きょうだいの変化，祖父母の変化についても見てきました。このような変化はピンチでありチャンスでもあります。危機を乗り越えるための支援として，医療的ケア，妊娠期の教育，産後ケアについて見てきました。

　本章では保育サービスについて見てきましょう。保育サービスが子育て支援の中心的な役割を担っていることを理解しましょう。

⑨ 保育サービス

9-1. 講義

9-1-1. 目的

　本章では，保育サービスについて理解し，保育サービスが子育て支援の中心的な役割を担っていることを理解します。保育サービスとはどういったものでしょうか？現在，多様な保育サービスが展開しています。どのような保育サービスがあるかについて見ていきましょう。

9-1-2. 保育とは

「保育」とは，「外からの保護と内からの発達を助ける“保護・教育・育成”の意味と，子育てと同義の“保護・養育”の意味がある」とされています（中央法規出版編集部，2004）。また，「**保育所**」とは，「保育に欠ける児童を入所させて保護することを目的とした施設」です（中央法規出版編集部，2004）。

9-1-3. 保育サービスとは

● なぜ保育なのか

「保育が欠ける子ども」という言葉があります。子どもを育てるのは親です。しかし，子どもを育てる親が働かなければ生活できない家庭もあります。そのような家庭が日中，働きに出ている間，子どもを預けることができた場所が保育所です。かつて，保育所に入所するには「保育に欠ける」といった要件を満たしているかを行政が判断していました。親が直接保育所に申し込みして入所できるということではありませんでした。それを**行政措置**と呼びます。ところが，福祉観の変化が起こりました。つまり，**ウェルフェア**（最低生活保障）から**ウェルビーイング**（人権保障と自己実現）へといった理念の変遷がありました（高橋，1994）。かつての福祉は家族が支えるものとして考えられていました。例えば，高齢者で介護が必要な人は家族によってケアされていました。たしかに，今でも家族によるケアは行われています。ただ，今のように高齢者福祉施設でのケア（通所や入所）やサービスが十分ではない中で，家族によるケアが行われており，家族の負担は大きなものでした。このように，福祉で問題とされている介護や保育は，私的ケアから社会的ケアへ（太田，2011a）と考え方が変遷していきつつあります。そして，保育でいうと，現在，保育所に預ける手続きは措置から利用・契約と移行しました。家庭で保育が欠ける子どもへのサービスという意味から，家庭での保育と同時に，保育所等の保育サービスも併用する形で子どもを育てる社会を目指していると考えてよいでしょう。

● 保育サービス

　保育は子どもを預かるだけではありません。子どもの命を保障し，健全な発達を保障する専門的な行為です。保護者と子どものニーズに基づいて取り組まれます。保育の役割は保護者の属性の違いによって2つに整理できるでしょう（表9-1）。すなわち，①保育所に在籍する子どもとその保護者に対する支援と②在宅で子育てをする地域の親子に対する支援です（太田，2011a）。①保育所に在籍する子どもとその保護者に対する支援として，子育てに関する悩み相談，就労と子育てを両立させるために利用できる保育（延長保育，休日保育，夜間保育，病後児保育など），子育ての学習機会の提供，子育てに関する情報提供，などが挙げられています。②在宅で子育てをする地域の親子に対する支援として，子育てに関する悩み相談，子育てコミュニティを育てる育児サークル等の活

動支援，一時的，緊急に必要な場合に利用できる保育（一時保育）の提供，子育ての学習機会の提供，子育てに関する情報提供，が挙げられています。このように，共通している部分と異なる部分があります。特徴的なことは，子どもの保育だけでなく親支援も行われていることです。保育所は子育て支援を担う中心的な機関であることが理解できるでしょう。

表 9-1　保護者の属性と支援内容（太田，2011a）

① 保育所に在籍する子どもとその保護者に対する支援

- 子育てに関する悩み相談。
- 就労と子育てを両立させるために利用できる保育（延長保育，休日保育，夜間保育，病後児保育など）
- 子育ての学習機会の提供。
- 子育てに関する情報提供。

② 在宅で子育てをする地域の親子に対する支援

- 子育てに関する悩み相談。
- 子育てコミュニティを育てる育児サークル等の活動支援。
- 一時的，緊急に必要な場合に利用できる保育（一時保育）の提供。
- 子育ての学習機会の提供。
- 子育てに関する情報提供。

9-1-4. 多様化する保育サービス

◉　保育対策促進事業

　核家族化が進行し，就労形態は多様化しています。それを反映して，保育に関する多様なニーズがあります。同時に，子育てにおける負担の軽減や仕事と子育ての両立，安心して子育てができる環境作りが課題です。平成 20 年から「**保育対策等促進事業**」が実施されています（厚生労働省，2008）。現在，7 事業が展開中です。

　①特定保育事業は，パートタイム勤務や育児短時間勤務などの働き方に応じた保育です。1 か月あたり概ね 64 時間以上の継続的保育とされ，就学前児童を対象（同居親族等が保育できる場合は対象外）としています。市町村または保育所を経営するものが実施主体です。

　②休日保育事業は，日曜・祝日において保育に欠ける児童が対象です。市町村または市町村が適切と認めた者が実施主体です。

　③夜間保育推進事業は，夜間においても保育に欠ける児童が対象です。市町村または市町村が適切と認めた者が実施主体です。

　④病児・病後児保育事業は，子どもが病気の際に自宅での療養が困難な児童が対象です。病気の児童を一時的に保育します（小 3 まで）。市町村または市町村が適切と認めた者が実施主体です。「病児対応型」（回復期に至らない場合）と「病後児対応型」（回復期）があります。また，「体調不良児対応型」（保育中に体調不良となった児童への緊急対応）と「非施設型」（訪問型：病気の児童の自宅に訪問する）ものがあります。適宜，看護師・保健師・家庭的保育者などが配置されます。

　⑤待機児童解消促進等事業は，保育所分園推進事業，認可外保育施設の衛生・安全対策事業（保

99

育者の健康診断）です。待機児童問題は子育て家庭の多い都市部で見られます。

　⑥保育環境改善等事業は，駅前などの利便性の高い場所にある既存の施設を利用し，ここに保育所や保育所分園を設置する事業です。

　⑦延長保育促進事業は，民間保育所が開所時間を超えた保育に取り組む場合の補助です。11 時間の開所時間とその前後 30 分以上の延長保育を行います。対象は保育所入所児童です。事業に支障のない範囲内で市町村が適当と認めた児童も対象です。

　このように多様化する就労形態に合わせた保育サービスが整いつつあります。

9-1-5. 保育の質

　こうした保育サービスの充実の背景には，**保育の質**の問題があります。具体的には，保育中の子どもの事故死，保育者による子どもへの虐待などです。保育は行政によって認可されているものと認可されていないものが混在しています。認可されているということは，その質も担保されているということになります。ところが，認可されていない保育サービスもたくさんあります。なかでも，夜間保育の担い手であったのが**ベビーホテル**です。ベビーホテルとは，① 19 時以降の保育を行っているもの，②児童の宿泊を伴うもの，③時間単位で児童の預かりを行っているもののどこかに該当し，他の保育事業の分類に該当しないもののことを言います（太田，2011b）。この保育サービスは利用者にとっては利便性のあるものです。しかし，利便性がある反面，保育の質についてはあまり社会的に議論されてきていません。すでに述べたように，ベビーホテルの多くは無認可で営業されていました（2002 年からは都道府県に届け出義務）。無認可であることから，行政がその保育サービスの内容を把握できていませんでした。その中で，あいついで，ベビーホテルなどでの死亡事故が起きました。このような事態を避けるために，多様で質の良い保育サービスを社会が担っていく方向へと舵を切っています。

● 一時預かり事業

　一時預かり事業は，「保育所等を利用していない家庭においても，日常生活上の突発的な事情や社会参加などにより，一時的に家庭での保育が困難となる場合がある。また，核家族化の進行や地域のつながりの希薄化などにより，育児疲れによる保護者の心理的・身体的負担を軽減するための支援が必要とされている」という保育のニーズに対応するために，「保育所等において児童を一時的に預かることで，安心して子育てができる環境を整備し，もって児童の福祉の向上を図ることを目的とする」ものです（厚生労働省，2014a）。実施主体は，市町村（特別区を含む）です。なお，市町村が認めた者へ委託等を行うことができます。事業の内容は，家庭において保育を受けることが一時的に困難となった乳児又は幼児について，主として昼間において，保育所その他の場所において，一時的に預かり，必要な保護を行う事業です。

　東京都清瀬市で活動している **NPO 法人ウイズアイ**の行っている一時保育事業を見ていきましょう（NPO 法人ウイズアイ，2015）。この法人では，あいあいサポート事業と呼んでいます。この一時預かり事業は，「夫婦でお出かけ・リフレッシュ」，「家族の病気・看護」，「急な残業・休日出勤などお仕事の都合」，「妊娠中・出産」，「冠婚葬祭やお見舞い」，「資格取得のための試験，勉強」，「美容院に行きたい」，「引っ越しの準備を進めたい」，「溜まった家事を片付けたい」などを主な理由に子どもを預かっています。こんなことで預かってくれるのか，と思う読者もおられるかもしれません。料金は在宅で子育てをしている人でも気軽に利用できるように，低料金が目指されています。新生児から預かってくれ，平日の 9:00 ～ 17:00 の時間帯であれば，1 時間 500 円です。また，土日祝祭日・

夜間・お泊り保育も実施され，緊急の場合は 24 時間の保育対応が行われています。

　一時預かり事業は，一時的に家庭での保育が欠ける状態に対応したものです。子育ては子どものことだけに専念するようなことではありません。育てる側の親は生活者でもあります。生活するうえで，子どもを誰かに預けなければならない事態が生じ得ます。そのような時に，子どもが保育に欠ける状態に置かれるのではなく，一時的であっても保育の環境を提供できる仕組みが一時預かり事業です。このような保育サービスはありませんでした。在宅で母親が子育てをしているのだから，母親が面倒を見るべきだという考え方が強かった中で，在宅における子育て家庭であっても利用できる保育サービスは画期的なことです。一時的に誰かに頼ることで，その後の子育てがうまくいくことがあります。一時預かり事業は社会で子育てを担っていくという理念を具体化したものと言えるでしょう。

◉　家庭的保育

　家庭的保育は保育所での保育とは異なったもので，多様な保育サービスの一翼を担っています。利用者としてはサービスが多様であればあるほど，個々にあったサービスに出会う機会が増えます。**家庭的保育事業**とは，保育所等（連携施設）との連携を前提として家庭的保育者の居宅などで保育をします（厚生労働省，2014b）。家庭的保育者 1 人が保育することができる乳幼児の数は，3 人以下です。ただし，家庭的保育者が，家庭的保育補助者（家庭的保育者を補助する人）とともに保育する場合には，5 人以下の保育となります。家庭的保育事業者等は，利用乳幼児の人権に十分配慮するとともに，一人一人の人格を尊重して，その運営を行わなければならない，とされています。

　具体的には，どういったサービスなのでしょう。**NPO 法人家庭的保育全国連絡協議会**（2009）にわかりやすい説明があります。以下，それを見ていきましょう。家庭的保育は，児童福祉法に基づいて市区町村が実施する公的な保育です。1 日約 8 時間，毎日行われる保育です。主として，産休明けから 3 歳未満の低年齢の子どもを対象とする保育です。3 歳になって初めての 3 月 31 日まで利用できます。なお，地域の状況により，就学前までの子どもを対象とする所もあります。保育所と同じように保護者の就労や病気などの理由で，日中家庭で保育できない子ども（保育に欠ける子ども）が対象です。保育者は，保育士を基本としています。保育士資格を保有していない場合は，講義と実習による認定研修を受け，保育士と同等の知識や技術を持っていると市区町村長が認めた人が家庭的保育者となります。いずれも，市区町村から認定を受けた家庭的保育者が，基礎研修を受講した上で保育にあたります。家庭的保育は，家庭的保育者の居宅，その他の場所に整備された専用の保育室で行われます。保育室は子どもの人数に応じた広さが規定されています。それ以外にも，居間，食堂，庭などを活用する家庭的保育者が多くいます。1 人の家庭的保育者が子ども 3 人まで保育することができます。家庭的保育者が家庭的保育補助者とともに保育する場合は子ども 5 人までです。保育料は市区町村が保育料を定めるため，市区町村によって異なります。保育所と同じ階層区分のあるところや，保育料が一律のところもあります。2008 年の時点で，全国約 80 箇所の市区町村で実施されています。実施の有無や申込方法は，市区町村の保育課や児童家庭課などに問い合せます。

　家庭的保育事業ほど注目されていませんが，**居宅訪問型保育事業**があります（厚生労働省，2014b）。この制度によって，障害，疾病等の程度を勘案して集団保育が著しく困難であると認められる乳幼児等に対する保育ができます。家庭的保育者 1 人が保育することができる乳幼児の数は 1 人です。乳幼児の障害，疾病等の状態に応じ，適切な専門的な支援その他の便宜の供与を受けられるように連携する障害児入所施設を適切に確保しなければならない，とされています。障害児入所施設がある地域でなければできない保育ですが，訪問型の障害のある乳幼児の保育としてもっと注

目すべき事業だと思います。

9-1-6. 保育士の役割

保育士は子どもが好きな人がなる職業だと思います。しかし，それだけでは十分ではありません。子どもの命を預かる専門職なのです。保育士は，子どもの最善の利益を考え，手立てを講じることのできる人であるべきでしょう。保育士は，親育ちの支援や親子関係への支援，さらに，育む環境の育成も行う必要があります。子どもだけを見ていては保育士とは言えません。子どもを取り巻く「環境全体」を見ていくことが保育士に求められています。保育士は子育て支援の専門職です。

9-2. ワークA　子どもを預けることをどう考える？

● **ワークの目的**

様々な保育サービスについて見てきました。子どもを預けることについて理解するために，以下のワークに取り組みましょう。

● **ワークの方法**

やり方は，以下のワークシートに書かれている質問に回答しましょう。

ステップ1

あなたは子どもが3歳くらいまでは母親が育てるべきだと思いますか？それとも保育サービスに委ねるべきだと思いますか？そして，なぜそう考えるのでしょうか？

ステップ2

子どもが4日間11時間保育所に預けられています。あなたはそのことについてどう考えますか？

ステップ3

　4歳の子どもが夜中に高熱を出し，救急外来に駆け込みました。翌日，熱は下がりません。あなたとパートナーは共働きで，運悪く二人とも今日は重要な会議があります。ただ，近所に，病児保育をしている病院がありました。まだ，利用したことはありません。あなたはどうしますか？

ステップ4

　もしあなたが子どもを得た時に，子どもを預けることでどんなことが気になりますか？話し合ってみましょう。

ステップ5

　意見交換してみてあらためて気がついたことはありませんか？できるだけ具体的に書いてみましょう。

コラム　在宅で子育てをしている人の第2の実家

　本文でも紹介した東京都清瀬市で活動している NPO 法人ウイズアイは在宅で子育てをしている人の第 2 の実家を目指しています。これまで行政では対応できていなかったニーズにいち早く応えるため，24 時間緊急一時保育事業を行っています。例えば，ひとり親家庭の母親が数日間入院をしなければならない時に利用できます。もしこのような事業がなければ，児童養護施設などの児童福祉施設に子どもを預けるほかありません。親の中には一時的とはいえ，児童福祉施設に入所させることへの抵抗感を持つ人がいます。また，自宅の近くに児童福祉施設があるとは限りません。そして，児童福祉施設には定員があります。状況によっては，入所できないかもしれません。24 時間緊急一時保育事業があることによって，児童福祉サービスを受けなくて済むのです。つまり，児童福祉の予防的対応でもあります。

　いつの日か，24 時間緊急一時保育事業が国の制度になることを期待しています。

第10章

地域子育て支援拠点における
子育て支援

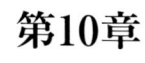

前章では，出産した後に，働く人であってもそうでない人であっても保育サービスを利用できることを理解しました。多様なニーズに応えるために様々な保育サービスが生まれています。ただ子どもを預けるのではなく，保育の質も問われています。保育は子育て支援の大きな柱です。では，別の支援の柱はないのでしょうか？

本章では，在宅で子育てをしている人たちに向けた子育て支援サービスについて見てきましょう。特に地域子育て支援拠点事業について理解しましょう。

⑩ 地域子育て支援拠点における子育て支援

10-1. 講義

10-1-1. 目的

　本章では，地域子育て支援拠点事業について理解し，地域で展開されている子育て支援の必要性を理解しましょう。私たちの身近な場所で支援が行われています。地域子育て支援拠点とはどういったものでしょうか？現在，地域の中で様々な子育て支援サービスが展開しています。以下，厚生労働省 (2007a, 2015b) を参考に理解を深めていきましょう。

10-1-2. 地域子育て支援拠点とは

　公共施設や保育所，児童館等の地域の身近な場所で，乳幼児のいる子育て中の親子の交流や育児相談，情報提供等を実施している場所が**地域子育て支援拠点**です。実施主体は，市町村や市町村から委託された特定非営利活動法人など多様な主体の参画によって地域における子育ての支え合いが行われています。児童福祉法の条文では，「地域の乳児又は幼児（以下，「乳幼児」という。）及びその保護者が相互の交流を行う場所を開設し，当該場所において，適当な設備を備える等により，子育てについての相談，情報の提供，助言その他の援助を行うもの（市町村（特別区を含む）以下同じ。）又はその委託等を受けた者が行うものに限る。）とする」と規定されています（ミネルヴァ書房編集部, 2012）。

10-1-3. 地域子育て支援拠点の設置の背景

　地域子育て支援拠点の設置の社会的背景に 3 歳未満児の約 7 〜 8 割は家庭で子育てをしているという実態があります。また，核家族化によって祖父母世代からのサポートを受けられない人がいます。そして，地域のつながりが希薄化しています。自分が住んでいる場所で，子育てのことで気になることを聞ける関係があまりありません。さらに，男性の多くは日中仕事をしています。男性が子育てに関与する機会は少ないのです。これは子育てにおいて男性に頼ることがあまりできない状態と言えます。その上，児童数の減少によって，自分の子どもと同じくらいの子どもを持つ親に出会う機会も少なくなりました。ここでいう出会いとは道ですれ違うというようなものではなく，個人的な出会いのことです。つまり，多くの場合母親だけで子どもを育てているということです。

　このような社会的背景の中で，課題が明らかになってきました。子育てにおいて母親が孤立しているということです。男性が育児休暇中であっても同じことが言えます。男性が主たるケアの担い手である家庭であれば男性も孤立しながら子育てをしている場合があります。また，多くの人にとって子育ては初めての経験なので，子育ての不安感や負担感があり，それが解決されないままであると，親は追い詰められていきます（第 2 章を参照）。子どもが多様な大人や子どもと関われる機会が減少しています。子どもは集団の中で成長します。集団の中で育つことで社会性の発達を促し得ます。

　以上のことから，家庭で子育てをしている人たちにも支援が必要だと認知されるようになってきました。1995 年に保育所に子育て支援センターが設置されました。これは保育所に入所している児童だけでなく，地域の親子を支援するために設置されました。2002 年には特定非営利活動法人などによって子育て中の親子が気軽に集える場として**つどいの広場**が実施され始めました。2007 年には子育て支援センターとつどいの広場を統合して地域子育て支援拠点とし，2008 年に子育て支援事業として児童福祉法に位置づけられました（奥山, 2011）。具体的には，子育て中の親子が気軽に集え

る場所を身近な地域の中で作り，集ってきた人たちが相互交流し，子育ての不安や悩みを相談できる場を作ったのです。その場には子育てに関する知識と経験を有する支援者が常駐しています。それが地域子育て拠点です。

10-1-4. 地域子育て支援サービスのターゲット

子育て支援の目的は次のように定義されます。「子育てという営みあるいは養育機能に対して，私的・社会的・公的機能が支援的にかかわることにより，安心して子どもを産み育てる環境をつくるとともに，子どもの健やかな育ちを促すことを目的とする営み」です（大豆生田，2006）

子育て支援の目的を達成するためには，**地域子育て支援サービスのターゲット**が何かを具体的にする必要があります。山縣（2008）によると，4 つが挙げられています（図 10-1）。

「第 1 は，もっとも早くから意識されていたと考えられる子ども自身の成長・発達の支援，すなわち子育ちの支援である。子ども自身は本来自ら育つ存在であるし，年齢とともに主体的な意思を有する存在となる。児童の権利に関する条約は，子ども自身が権利の主体であることを明らかにしたが，子育ての支援はこれに共通するものがある。」

「第 2 は，親になるためあるいは一人の社会人としての生活の支援，すなわち親育ちの支援である。ここでは従来から対応してきた親の就労など"保育に欠ける"と制度的に認定されているもののみならず，一時的保育，育児リフレッシュなど，心身ともに親の生活を豊かにするサービス，あるいは経験を共有し合う仲間づくりが課題である。」

「第 3 は，親子関係の支援，すなわち子育て・親育てである。親子の信頼及び愛着関係の基礎形成が不安定ななかで，親としての成熟度はますます低下し，"親になりきれていない親"が，より多く出現することになる。虐待や放任という例外的と考えられていた状況が，一般の親のすぐそばにまで忍び寄っているということであり，子育てをする親を"育てる"という視点が必要となる。」

「第 4 は，これらの 3 つが存在する家庭及び地域社会，すなわち育む環境の育成である。子どもの育ちにおいては，第一次社会化の場としての家庭，第二次社会化の場としての地域社会，第三次社会化の場としての専門資源（保育所，幼稚園，学校など），が重要であるといわれる。育む環境の育成とは，そのような社会化の場を適切に育成・形成し，適切な関係を構築することを意味する。」

山縣（2008）の整理を図式化すると以下のようになります。これらのターゲットについて具体的に支援するためには拠点が必要でした。地域で子育て支援を担ってきた保育所が拠点の候補の一つです。しかし，国の政策として子育て支援を進めていくために，地域における子育て支援の拠点がどこなのかをより明確に位置付けることが重要でした。そこで，地域子育て支援拠点が注目されます。

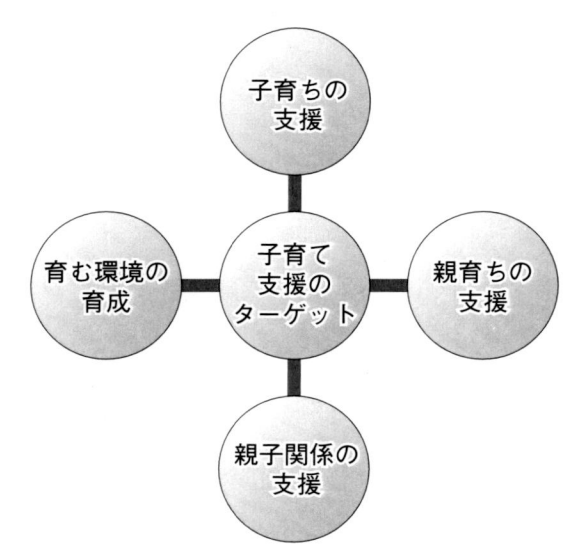

図 10-1　地域子育て支援サービスのターゲット（山縣，2008を参考に筆者が作図）

10-1-5. 地域子育て支援拠点におけるサービス

　児童福祉法では、地域子育て支援拠点事業は第2種社会福祉事業とされています。事業の目的は，「少子化や核家族化の進行，地域社会の変化など，子どもや子育てをめぐる環境が大きく変化する中で，家庭や地域における子育て機能の低下や子育て中の親の孤独感や不安感の増大等に対応するため，地域において子育て親子の交流等を促進する子育て支援拠点の設置を推進することにより，地域の子育て支援機能の充実を図り，子育ての不安感等を緩和し，子どもの健やかな育ちを支援することを目的とする」とされています（厚生労働省，2015b）。地域子育て支援拠点は平成26年度の時点で6,538か所です（厚生労働省，2015a）。従来はセンター型，広場型，児童館型というような実施形態の違いがありました。しかし，平成27年（2015年）には法律の一部改正が行われ，一般型と連携型になっています。ただし，基本事業の内容の変更はほとんどありません。基本事業として，①子育て親子の交流の場の提供と交流の促進，②子育て等に関する相談，援助の実施，③地域の子育て関連情報の提供，④子育て及び子育て支援に関する講習等の実施（月1回以上）とされています（厚生労働省，2015b）。一般型は，常設の地域子育て支援拠点を開設し，子育て家庭の親とその子どもを対象として基本事業を実施します。連携型は，効率的かつ効果的に地域の子育て支援のニーズに対応できるよう児童福祉施設・児童福祉事業を実施する施設（連携施設）において，基本事業を実施します（厚生労働省，2015b）。連携型は既存の施設を地域子育て支援拠点として利用しようというもので，従来の児童館型に対応するものです。

　今回の改正の画期的なところは，基本事業に追加して，次のようなサービスを位置付けたことです。一般型の追加サービスは，まず，「地域の子育て拠点として地域の子育て支援活動の展開を図るための取組」として位置付けました。具体的には，関係する団体や機関とネットワークを結び連携しながら，次の4点について実施します。①拠点施設の開設場所（近接施設を含む）を活用した一時預かり事業またはこれに準じた事業を実施することです。これによって地域子育て支援拠点で子どもを一時的に預けることができるようになります。②拠点施設の開設場所（近接施設を含む）を活用した放課後児童健全育成事業またはこれに準じた事業を実施することです。これによって放課後，小学生が過ごす場として地域子育て支援拠点が活用できるようになります。③拠点施設を拠点とした乳児家庭全戸訪問事業または養育支援訪問事業を実施することです。これによって地域子育

て支援拠点から家庭訪問サービスを実施できるようになります。乳児を持つ家庭や養育支援が必要な家庭に訪問する事業の拠点とすることができるということです。支援者が家庭訪問し，その支援の結果，地域子育て支援拠点事業に利用者を誘い出すことがさらにしやすくなりました。④その他として拠点施設を拠点とした市町村独自の子育て支援事業（未就学児をもつ家庭への訪問活動等）を実施することです。市町村独自の事業なので，ボランティア活動などから市町村の補助事業等に指定され，地域の子育て支援プログラムとして根付いたものを地域子育て支援拠点において継続的に実施する仕組みが整いつつあるということです。例えば，東京都清瀬市の NPO 法人ウイズアイが実施している「新米ママと赤ちゃんの会」プログラムは市の補助事業に指定されています（宇野，2016）。このプログラムは初めて 0 歳児を持つ母親を対象としたもので，参加者同士で支えあって子育てができるように様々なグループワークが用意された連続講座形式のプログラムです。乳児家庭全戸訪問事業ですべての初めて 0 歳児を持つ母親に「新米ママと赤ちゃんの会」プログラムを周知することによって，このプログラムへの参加者数を増やすことができ，地域で孤立した子育てをさらに予防することができるでしょう。

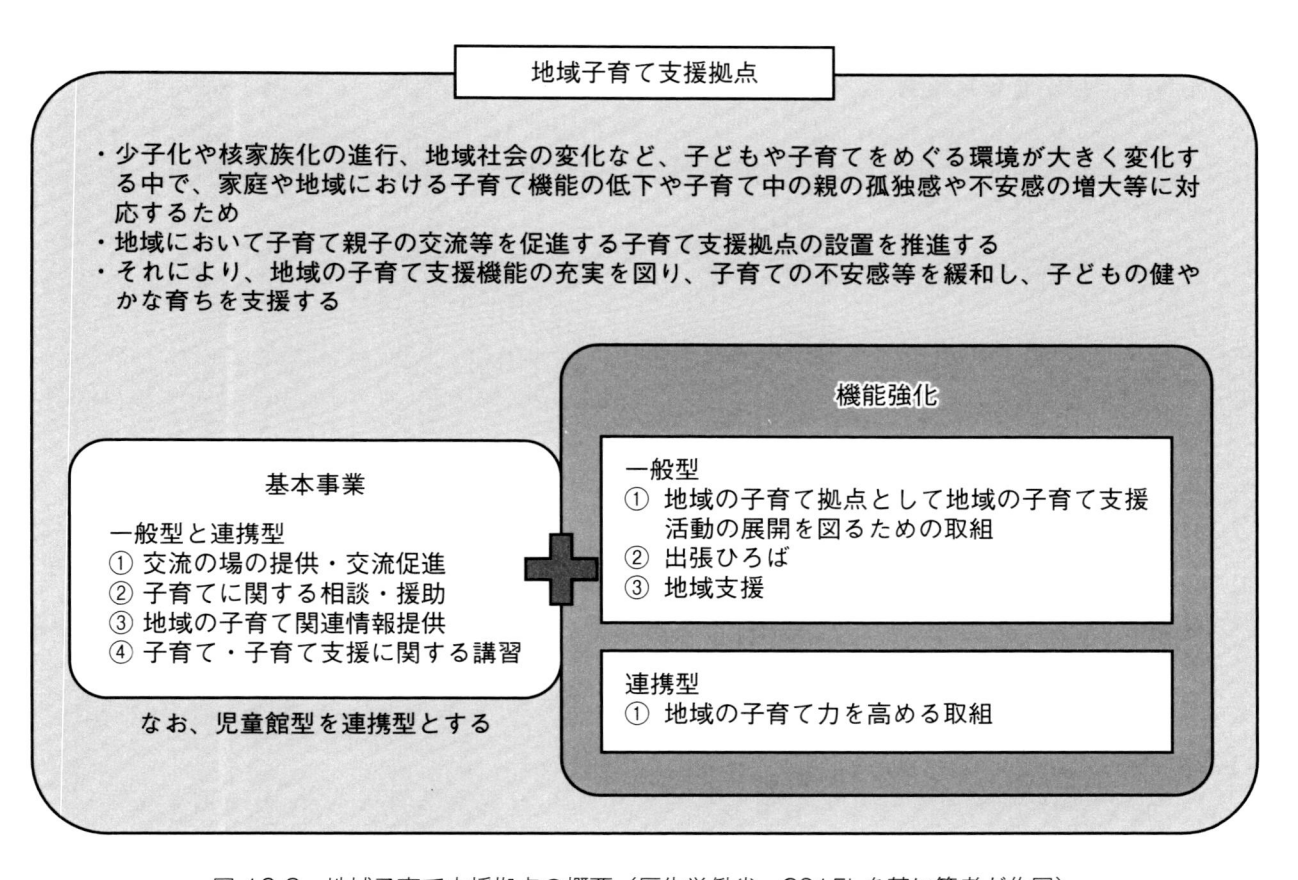

図 10-2　地域子育て支援拠点の概要（厚生労働省，2015b を基に筆者が作図）

　一般型のもう一つの追加サービスは「出張ひろば」です。地域子育て支援拠点から離れた地域で子育てをしている人にもサービスを届けるために地域の公民館などを利用して出張ひろばを実施できるようになりました。例えば，東京都東村山市子育て総合支援センターころころの森ではセンターから離れた秋津町で出張ひろばを開設しています（東京都東村山市子育て総合支援センターころころの森，2016）。さらに一般型の別の追加サービスは，「地域支援」です。これは「地域全体で，

子どもの育ち・親の育ちを支援するため，地域の実情に応じ，地域に開かれた運営を行い，関係機関や子育て支援活動を実施する団体等と連携の構築を図るため」に実施されるものです。具体的には，①高齢者・地域学生等地域の多様な世代との連携を継続的に実施する取組，②地域の団体と協働して伝統文化や習慣・行事を実施し，親子の育ちを継続的に支援する取組，③地域ボランティアの育成，町内会，子育てサークルとの協働による地域団体の活性化等地域の子育て資源の発掘・育成を継続的に行う取組，④本事業を利用したくても利用できない家庭に対して訪問支援等を行うことで地域とのつながりを継続的に持たせる取組のことを言います。

連携型（児童館など）の追加サービスは地域の子育て力を高める取組として，中・高校生や大学生等ボランティアの日常的な受入・養成を行う取組があります。中学生から地域の子育てに関わる仕組みを作っていくことが期待されています。

以上のように，地域子育て支援拠点が子育て支援の中心的役割を担っていることが理解できます。また，既存の子育て支援制度（例，乳児家庭全戸訪問事業）と連携することが明確に位置付けられています。ここに関わる人の中に高齢者や生徒・学生が含まれています。様々な人が集う場として，つまり，ますますセンター的な役割が期待されています。どんな人でも利用できる場所であり，住んでいるところにあり，子育て中の人が集まる場所であり，子育てに関係する人であれば必ず一度は訪問する場所が地域子育て支援拠点です。

10-2. ワークA　親子で交流をどう考える？

● ワークの目的
地域子育て支援拠点は子育てをしている人を支援する機関として重要な役割を担っています。4つの基本事業の他に様々なサービスが実施されていることがわかりました。地域子育て支援拠点について理解を深めるために，以下のワークに取り組みましょう。

● ワークの方法
やり方は，以下のワークシートに書かれている質問に回答しましょう。

ステップ1
あなたは子育て親子と交流したいですか？それともあまり交流したくないですか？そして，なぜそう考えるのでしょうか？

ステップ2

地域の子育てに関するどんな情報を知りたいですか？

ステップ3

子育てに関する講習でどんなことを学びたいですか？

ステップ4

　地域学生との連携（一般型），生徒・学生ボランティアの受け入れや養成（連携型）を実施する拠点もあります。あなたならどんなふうに活動したいですか？

ステップ5

　もしあなたが地域子育て支援拠点に関わるとしたら，どんなことが気になりますか？何がしたいですか？話し合ってみましょう。

ステップ6

　意見交換してみてあらためて気がついたことはありませんか？できるだけ具体的に書いてみましょう。

> あなたに「こんなとき」があったら相談しましょう。

こんなとき		相談先
妊娠をしたけど誰にも言えず困っている		市町村の保健センター
経済的に苦しく子育てできない		市町村の福祉事務所
子育ての方法がわからない		地域子育て支援拠点
虐待しているのではないかと思う		市町村の児童福祉窓口
子どもの成長で気になることがある		市町村の児童福祉窓口

☐　相談の秘密は守られます。

☐　あなたが責められることはありません。

☐　もし，相談先が自分とあわなかったら，別の相談先に相談しましょう。

コラム　相談しよう

「相談があります」と話を切り出すことがあります。このような言い方でなくて雑談の中で気になること，困っていることを話題にすることが相談になっていることがあります。地域子育て支援拠点では，後者のようなゆるやかな支え合いの中で困難を解決していきます。ただ，大勢の中で話しにくい人は個別相談というのがよいでしょう。市町村の保健センターや児童福祉の窓口に連絡し，時間をとって相談することもできます。外に出かけるのがおっくうな人は，支援者に家庭訪問してもらいましょう。相談するのも嫌な人は，あなた以外の人に動いてもらうこともできるでしょう。

　昔から女人講という仕組みがありました。女性だけの集会です。ここで出産や子育て，家族のことなど相談できました。今はそういう仕組みはほとんど無くなったので，地域子育て支援拠点のようなものが作られています。昔から相談しながら子育てをしてきたのです。

第11章

カウンセリングにおける
子育て支援

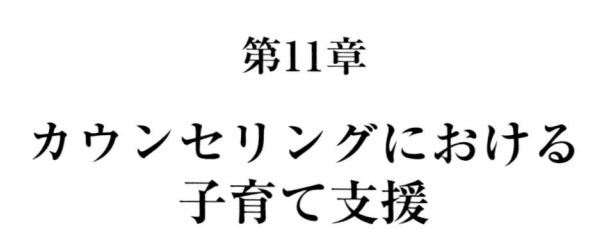

本章の概説

　前章では，地域子育て支援拠点が子育て支援の中心
的役割を担っていることを理解しました。どんな人で
も利用できる場所であり，住んでいるところにあり，
子育て中の人が集まる場所であり，子育てに関係する
人であれば必ず一度は訪問する場所が地域子育て支援
拠点です。では，実際にどのような支援が行われてい
るのでしょうか？支援機関に共通する支援方法はカウ
ンセリングです。

　本章では，子育てをしている人たちを対象としたカ
ウンセリングについて見てきましょう。

11 カウンセリングにおける子育て支援

11-1. 講義

11-1-1. 目的

　本章では，子育て支援におけるカウンセリングの意義と実際について理解します。では，カウンセリングとは何でしょうか？子育て支援におけるカウンセリングの実際について理解を深めていきましょう。

11-1-2. カウンセリングとは

● カウンセリングとは

　カウンセリング（Counseling）とは，「一般に，指示的・支持的・再教育的な相談指導。はっきりと精神的な疾患といえないほどの軽い行動的問題を扱う心理療法のことをいう。職業カウンセリング，結婚カウンセリングなどの場合は指導援助の意味をもっている。ロジャーズの来談者中心カウンセリングの提唱以来，カウンセリングと心理療法の区別は本質的につけにくい。」と定義されています（外林・辻・島津・能見, 1981）。

　指示的とは，「あなたはこうするとよいですよ」と指示することです。一方，支持的とは相談相手が「もう少し，子どもと距離を取った方がよいかもしれない」と話した場合，「あなたはお子さんと少し距離を取った方がよいと考えることで，お子さんのために自分に何ができるかを模索しておられますね」と相談相手の気持ちや考えを支持することです。

● 学問であり実践であるのがカウンセリング

　カウンセリングは，アメリカで開発され，発達した学問であり，実践であると言われています（平木, 1989）。そして，カウンセリングは心理学を学問的背景としています。

　その目標は，筆者は次のように定義します。つまり，「心理的な問題や悩みについて専門的な援助をすることで，クライエントのウェルビーイングを促進させること」です。

● 契約関係

　カウンセリングをする人を**カウンセラー**と呼びます。一方，カウンセラーに援助を受ける人を**クライエント**（来談者）と呼びます（平木, 1989）。カウンセリングは，二者関係です。この関係は，社会的関係です。つまり，契約関係です。クライエントの相談内容についてカウンセリングサービスを提供する代わりにカウンセリング料金が発生します。公共機関の場合は無料で行われている場所が多いです。民間団体や株式会社，個人での開業など様々な実施形態があります。その場合，料金はまちまちです。ちなみに，大学付属のカウンセリングセンターもあります。例えば，東京都新宿区の三白大学心理カウンセリングセンターは，平成28年2月現在平日の昼間であれば1回50分のカウンセリング料金が3000円です（目白大学心理カウンセリングセンター，不明）。

　この二者関係では，主に，会話がなされています。つまり，カウンセラーがクライエントの話を聴くことがカウンセリングの手段と言えます。

● 適応が困難な場合

　カウンセリングは，異常な，あるいは極端な適応様式を示す人に対して行われません（平木, 1989）。また，人として生きていくための心理的エネルギーがほとんどない人を対象としていま

せん。

● 精神科医との違い

カウンセラーは精神科医とは違います。診断や投薬などをするのではありません。心理的援助を行う人を心理カウンセラーと呼んでいます。

11-1-3. 様々なカウンセリング場面

● 電話相談

電話相談は，匿名性が担保される相談形態です。時間や場所に制約されないのが特徴です。匿名なので深刻な内容でも相談しやすいです。しかし，一時的な相談に終わりがちで，相談内容が解決したかどうかをカウンセラーが確認できません。電話相談は匿名性が担保されると述べましたが，自殺や虐待などの深刻なケースと判断できそうな場合は，名前や住所を聞き出し，継続支援へとつなげます。

── 事　例 ⑦　子どもが憎い ──

専業主婦のGさんは熱心に子育てをしています。子どもが0歳の時は，市の健康センターから保健師さんが訪問してくれるなどして支援を受けていました。夫は長時間労働でほとんど家にいません。Gさんは「男は仕事，女は家庭を守るべき」だと考えています。Gさんは夫にほとんど，頼ることなく子育てをしていました。

ところが，子どもが1歳を過ぎるころから，自分の育て方を周囲の人に批判されていると思い始めました。子育てのことはGさんの責任なので，一人で悩む時間が多くなりました。つい，5歳の子どもに大きな声で叱ることが増え，自己嫌悪に陥ることもあります。自分は子どもを虐待しているのではないかと思い始めましたが，誰にも相談できません。前に保健師さんが渡してくれたパンフレットの中に，児童相談所全国共通ダイヤルに関するものがありました。出産や子育てに関する悩みや疑問を匿名で相談でき，秘密は守られると書いてあります。番号は189（いちはやく）です。Gさんは電話をかけてみました。

電話の相手は男性でしたが物腰の柔らかい印象です。Gさんは言葉につまりながら，子育ての大変さを訴えました。はじめての子育てでどうしていいかわからなかったこと，幼稚園のお友達のものを勝手に持ち帰ってきたり，お店からお菓子を持ち帰ってきたことがあるなど人には言いにくいことを話しました。

● 個別面接相談

カウンセリングの基本形ともいえるのが**個別面接相談**です。個別面接相談は，基本的に利用者の申し出によって開始されます（平木，1989）。電話相談と同様に，相談内容等の守秘が重要となります。個別面接相談は時間や場所に制約されます。たいていは予約制です。個別面接相談では軽微なものから深刻な内容まで相談できます。面接回数は，1回で終わるものから複数回実施するものまで幅が広いです。面接は，一般に主訴が解決するまで続きます。個別面接相談は，母親単独，母子同席，母子並行で行う場合があります。**母子平行**というのは，子どもに情緒的な問題がある場合，母親

面接と並行して子どもに遊戯療法（プレイセラピー）をする場合などのことを言います。電話相談と同様に，自殺や虐待などの深刻なケースと判断できそうな場合は，専門機関につなげます。

── 事　例 ⑧　子育ての相談にのってくれる人がいない ──

　専業主婦のＨさんの家族は４人。夫と６歳になる長男と２歳になる長女がいます。1年前，夫の転勤で引っ越して，見知らぬ土地での子育てが始まりました。夫も職場が変わって仕事がたいへんで余裕がありません。

　最近，長男の幼稚園の担任から友達とのトラブルが多いという報告を受けることが増えました。おもちゃの取り合いでどうしてもお友達にゆずれません。幼稚園の先生から報告を受けるたびに，夫に叱ってもらいますが，幼稚園でのトラブルは絶えません。Ｈさんも長男をしつけようとしていますが，言うことを聞きません。言うことを聞かないので，大声でしかることが増えています。子どもは，おびえてしまって，その姿を見ると余計にイライラしてしまい，後から自分が情けなくなります。相談できる人がいません。

　幼稚園の園長先生に呼び出されたときに，長男には発達上の課題があるかもしれないと指摘されました。Ｈさんはうすうす発達に問題があるかもしれないと思っていましたが，認めたくはありませんでした。男の子だから活発なのだと思うようにしていました。しかし，このままではいけないと考え，幼稚園の先生の促しもあって，市の発達相談というものがあることを知り，そこの先生に相談することにしました。発達相談は月に２回，保健センターで開かれます。Ｈさんは，保健センターに電話をして，個別面接相談の予約を入れました。でも，自分の育て方が悪いのだと非難されそうで本当は行きたくありません。

　相談では，これまでの子育ての大変さなどを話しました。

◉　親育ちの支援としてのカウンセリング

　カウンセリングは親育ちの支援としての機能があります。子育て支援において，カウンセリングは主に親がクライエントになります。多くの場合，子育て支援においては子どものことが相談内容になります。しかし，カウンセリングの内容は子育てに限定されているというよりは，多岐にわたります。相談内容が子どもの相談から，親自身のことになることがあります。さらに，夫や祖父母といった家族関係のことが相談されることがあります。

　カウンセラーが専門的態度と技術で親の悩みを聴くことで，親の悩みが整理され，親自身の肯定的・否定的な気持ちを明らかにし，親自身が自分のしつけ方を客観的に認識できるようになります。また，カウンセラーの教育的な指示によって，親が知らなかった養育スキルを獲得することもあります。親が親として育つこと，あるいは発達していくことをカウンセリングによって支援しています。

　ただし，カウンセリングは万能ではありません。子どもの世話をしたくてもできない人には相談よりも，養育支援訪問事業や産後ケアなどの具体的なサポートが必要な場合もあるでしょう。カウンセリングだけでは十分な支援できないことがあります。しかし，支援においてはまずはカウンセリングです。カウンセリングによってその人に必要な支援が何かを明らかにし，必要な支援サービ

スとクライエントをつないでいくこともカウンセラーの役割です。

11-2. ワークA　カウンセリングをどう考える？

● ワークの目的

　カウンセリングの実際を理解しましょう。あなたはカウンセラーです。本文にあった「事例⑧子育ての相談にのってくれる人がいない」についてカウンセラーの立場から考えていきましょう。子育て支援におけるカウンセリングについて理解を深めるために，以下のワークに取り組みましょう。

● ワークの方法

　やり方は，以下のワークシートに書かれている質問に回答しましょう。

ステップ1

　あなたは事例⑧の子はどんな子どもだと思いますか？

ステップ2

　どういう親子関係だと考えますか？

ステップ3

　この事例の緊急度は高いですか？低いですか？なぜ，そう考えたのでしょう？

ステップ4
この事例のお母さんがあなたに相談してよかったと思うにはどんなことを話しますか？

ステップ5
もしあなたが地域のお母さんの相談相手になった場合，どんなことが気になりますか？何がしたいですか？話し合ってみましょう。

ステップ6
意見交換してみてあらためて気がついたことはありませんか？できるだけ具体的に書いてみましょう。

第12章

心理教育的アプローチによる
子育て支援①

本章の概説

前章では，子育て支援におけるカウンセリングについて理解しました。カウンセリングは支援の中心的な方法で，どの支援機関にも共通した方法です。カウンセリングは万能ではありませんが，有効な方法です。電話相談や個別面接相談といった形式がありました。利用者にあったカウンセリングサービスが提供されていました。一方，心理教育という支援方法もあります。心理教育とはどんな支援方法なのでしょうか？

本章では，子育てをしている人たちを対象とした心理教育プログラムについて見てきましょう。

12 心理教育的アプローチによる子育て支援①

12-1. 講義
12-1-1. 目的

　本章では，子育て支援における心理教育的アプローチについて理解します。では，心理教育とは何でしょうか？子育て支援における心理教育の実際について理解を深めていきましょう。

12-1-2. 心理教育とは
◉ 心理教育とは

　心理教育 (Psycho-education) とは，「クライエントが経験している心理社会的な問題に関する個人や家族の機能を，彼らを教育することによって改善すること」を目的とするものと定義されています (Sheafor & Horejsi, 2008)。また，「クライエントやその家族が，彼らの生活に影響を及ぼす病気，問題，何らかのトラブル状況を理解することで利益を得ることができるのならいつでもその価値を認めることができる心理教育モデルは，最初，精神医学的トリートメントの分野において発展したが，今では，幅広いさまざまな実践状況において利用されている」ものです (Sheafor & Horejsi, 2008)。つまり，子育て支援においても実践されています。

　心理教育は，心理教育的アプローチ，心理教育的支援，心理教育モデル，心理教育プログラム，心理教育的介入のように様々な言い方があります。本書では，心理教育を用いた方法の総称として心理教育的アプローチと呼ぶことにします。また，心理教育を用いた支援方法の中に，プログラム化されているものがあります。それを本書では心理教育プログラムと呼ぶことにします。心理教育プログラムの中には体験的理解が重視されているものがあります。つまり，プログラムの中には，座学（講義）だけでなく，様々な活動が組み込まれています。

12-1-3. 子育て支援における心理教育の必要性
◉ 夫婦を対象とした心理教育の必要性

　子育て支援において心理教育は，子育てや家族関係について学ぶことができ，参加者の交流が生まれるような参加者体験型の支援として注目されています。心理学的な知識やスキルを学ぶことで，予防的・開発的・治療的に子育て支援を行うことができます。

　家族心理学者の柏木 (2003) は，「将来展望に立った（生涯）発達課題」として配偶者選択を取り挙げています。中でも，婚前カウンセリング（近藤, 1988；杉溪, 1988）を予防的教育的方策として積極的に考える必要性を強調しています。**婚前カウンセリング**は，「原家族，特に親からの心理的自立，自己および相手の理解，結婚の目的・理想と関連した結婚後の役割など，結婚前に解決すべき多岐の課題にわたる。それらは幸福で円滑な結婚生活の準備として重要であるのはもちろんであるが，自尊をもって充実した幸福な人生をすごすうえでも必要な検討課題である」と述べられています（柏木, 2003）。

　ソーシャルワークの母と呼ばれている Richmond (1922 小松訳 1991) は，夫婦関係について示唆に富む記述をしています。「結婚のための教育は，おそらくわれわれの時代の社会計画全体の中で，最も重視されてきた部分であろう」(p114) と述べています。また，Richmond は「結婚のための教育」の中身について明確に述べてはいませんが，その内容は「家族ケース・ワークの経験から提供されなければならない」と述べています。さらに，「趣味と大望の不一致，突然の外的な変化に対する異なる応答，適応しなくなってしまった状態への固執，こういったことのすべてが夫婦間の不幸をも

たらすのに役割を演じている」(p113)と述べ,「変化に抵抗したり,それへの適応に失敗したりすることは,維持する価値がもっともある人間関係のすべてを失うことである。すなわち,極端に硬直性をもったものは決して永続するはずがない」(p114)という指摘を行っています。結婚において何らかの予防教育的な対応が必要なことがうかがえます。

● 親となってからの心理教育の必要性

　子どもを得てからも,親に対する子育てに関する学習機会が必要だという主張もあります(堀口,2005;河合,1987)。

　子どもの誕生は,「夫婦双方のアイデンティティや自尊心に大きな影響を与える」とされ,「不適格感や恨みの感情をいだいたり,自分の職業上の達成を乳児が妨害しているように思い込む人もある」ので,このようなケースでは夫婦を対象とした親教育の機会が適切に提供されるべきとされています(岡堂,1991)。また,岡堂(1991)は,親としての夫婦は,「乳児の要求にこたえる義務と責任をめぐって,育児の分担に関する基本的ルールを決める」ことになり,「父親が育児を分担するように教育されるべきである」と述べています。男性の子育てへの参加によって,夫が父親性を身につけるだけでなく,父子双方の人間性の成長を促すと考えられています。

　親になるための勉強をしたという人はほとんどいないと思います。しかし,親となってからも養育知識や養育方法を学ぶ必要があります。事前に学習することで子育てへの理解が深まり,子育てをしながら学ぶことで,新たな気づきが得られることがあります。これまで,本章で学んできたことと重複しますが,子育てにおいては過度の育児不安,不適切な養育,家族の抱える未解決の葛藤,家族ライフサイクルの移行期の危機といった課題に直面します。これらの課題が未解決で重篤化する前に子育て支援心理教育プログラムによって子育て知識とスキルを獲得し,子育ての仲間を得ていくことで未解決の課題を解決することが求められています。

● 日本における子育て支援心理教育プログラム

　日本では様々な親を対象とした心理教育プログラムが存在します。その多くは,外国で効果的だと考えられたものが翻訳され,日本で実施されているものです。そのような経験の中から,日本で生まれたプログラムも散見されるようになってきました。宇野(2012)は,日本における子育て支援プログラムを概観しています。その結果,日本における子育て支援プログラムは6つの視座が必要と考えられています。

① 1次的子育て支援心理教育,2次的子育て支援心理教育,3次的子育て支援心理教育

　1次的子育て支援心理教育の対象は全ての子どもとその養育者(父親を含めて)です。一般の養育家庭で,子育てを知らない親に子育ての知識などを幅広く伝えることになります。早期介入や予防を重視し,養育力の底上げによって子どもの発達を保障します。ジェネラルなプログラムが求められ,一人ひとりのウェルビーイングの向上を目指し,子育てのしやすいコミュニティに貢献します。

　2次的子育て支援心理教育では,子育てに困難を抱える親や発達障害のある子どもを抱える親といったよりニーズの明確な人に心理教育を届けます。ここでは,虐待の深刻化を予防するということが目指されます。

　3次的子育て支援心理教育は,親子関係の再構築が課題である養育者や子どもの情緒や行動の問題を抱える養育者を対象とした事後対応的な試みです。社会的養護における支援(児童相談所での親子への心理教育的関わりや里親や施設職員への心理教育の適用)も含まれます。問題が特定され

ており，その対応にはスペシャルなプログラムが求められます。

　宇野（2012）は「利用者のニーズは多様であるので，以上の３段階に沿った多様な子育て支援心理教育プログラムが用意されているのが望ましい」と述べています。

　なお，図 12-1 は，１次的子育て支援心理教育が２次的及び３次的子育て支援心理教育の下支えをしていることを示し，１次的子育て支援心理教育は基盤であって２次的及び３次的子育て支援心理教育が必要となる人にとっても役立つものと考えられています。

　以下の５つの視座（②～⑥）は，先の１次的子育て支援心理教育から３次的子育て支援心理教育において考慮されるべき視座です。

② 心理教育プログラムと実生活との連動

　心理教育プログラムで得た知識やスキルを実生活に役立てることが重要です。地域子育て支援拠点での心理教育プログラムの実施においては，実際的で具体的な内容を学習し，利用者の交流を通じて，相手の良いところをまねるという体験が展開されることが期待されます（宇野，2012）。

③ 子育てにまつわる価値の多様性と主体性の尊重

　ここでいう主体性とは「子育てを主として担う養育者（主に親）が，自律的に子育てに関与し，子育てへの意見表明をし，自らが子育てを選び実践していくこと」と考えます（宇野，2012）。このように養育者の主体性を明確にすると，一人ひとりのニーズは異なるし，当事者が子育てにおいて重みづけている領域（例えば，経済的困難を避けるための経済活動，子どもとの情緒交流，子どもの健康，養育者自身のキャリアなど）は個人によって異なると考えます。

④ 参加者同士の学び合い

　参加者同士が交わることで，新たな気づきや違いの尊重，自己肯定の気持ちが高められていくことが予想されます。子育ては座学ではなく体験的に学ぶものであるとするならば，我が子を他の人に世話をしてもらい，逆に我が子以外の子どもの世話をするなどの交流の中で新たな気づきが得られると考えられます（宇野，2012）。

⑤ 子育て支援施設における心理教育プログラムの科学的根拠の追及

　プログラム評価による科学的根拠の保証は，専門職の説明責任を果たすといった社会的な意義も合わせ持つものであり，プログラム評価は今後ますます積極的に活用される必要があります（宇野，2012）。

⑥ 子育てにおける夫婦関係の重要性

　子育て支援の対象の多くは母親です。しかし，父親が主体的に子育てに参加することで，夫婦による子育てが多様となります。こうした多様な子育てを保障するためにも，夫婦関係を調整する夫婦間のコミュニケーションが重要です。夫婦間のコミュニケーションが円滑になることで，パートナー相互の理解が促進し，相手の考えや気持ちをさらに理解できます。今後，夫婦関係について考慮された子育て支援心理教育プログラムは必須です（宇野，2012）。

3段階の子育て支援心理教育―基本的視座　　　子育て支援心理教育で活用される5つの視座

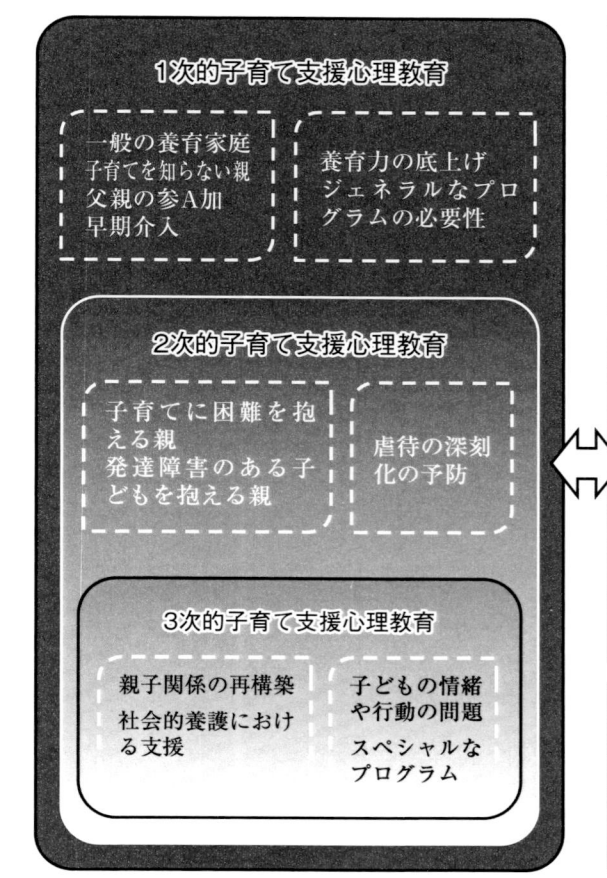

心理教育プログラムと実生活との連動
　実際的で具体的な内容の学習
　学んだことを実践する場

子育てにまつわる価値の多様性と主体性の尊重
　多様性の尊重　　　主体性の尊重　　　個別性の尊重

参加者同士の学び合い
　子育ての学び合い　　　参加による学習体験

子育てにおける夫婦関係の重要性
　夫婦・家族を対象とする
　夫婦による多様な子育ての保証
　夫婦関係の調整

子育て支援施設における心理教育プログラムの科学的根拠の追求
　社会的意義を志向した評価研究
　より効果的なプログラム
　エビデンスのある海外のプログラムの適用

図 12-1　子育て支援心理教育の6つの視座（宇野，2012）

12-1-4. 子育て支援における心理教育プログラム

● 子育てユニット形成促進プログラム

　子育てユニット形成促進プログラムは，発達心理学や臨床心理学の領域で研究されている愛着理論を援用しています。子育てを危機としてとらえ，危機を乗り越えていくためには養育者が子育てにおいて安心と安全を感じられる対象（これを子育てユニットと呼ぶ）とつながりを作っていくことが重要だと考えています（宇野，2013）。子育てユニットは親にとってのユニットでもあり，子どもにとってのユニットでもあります。その子育てユニットは作っていくものです。まずは，夫婦において子育てユニットを形成していくことを目指すのが，このプログラムの特徴です。したがって，対象者は初めて子育てをする夫婦です。5回連続講座で，1回120分です。愛着関係について学びながら，子育てにおける夫婦関係の見直し，再構築を目指します。

● ノーバディズ・パーフェクト・プログラム

　ノーバディズ・パーフェクト・プログラムは，カナダ政府の開発したプログラムです。特徴的なのは，「完全な親も子もいません」というメッセージです。これは「若い親たちが自信をもって子育てができるようにと，0歳から5歳までの乳幼児をもつ親を対象に作られた，優れた親支援プログラム」です（子ども家庭リソースセンター，2003）。このプログラムが生まれたカナダは移民の国です。「移民たちや子育てに困難を抱える親たちが，社会，文化的にも地理的にも孤立しないように，

グループで学びあえる親のための参加型プログラム」です。テキストも用意されており、参加者が希望すればテキストの内容を学べるようになっています（Catano, 1997 幾島訳 2002）。プログラムの参加者は 8 名〜10 名で 6 回〜8 回実施されます。実施間隔は週に 1 回で 1 回の時間は 2 時間ほどです。あらかじめ、参加者の関心事、気になることなどをテーマにしていきます。その際に、テキストを用います。訓練を受けたファシリテーターが会を運営します。子どもは別室保育となります。

日本でもファシリテーターのためのガイドが翻訳され（Catano, 2000 杉田他訳 2002）、ファシリテーターの養成（資格制度）が進んでいます。日本では NP（Nobody's Perfect）と呼ばれています。

● 親子の絆づくり "赤ちゃんがきた！"

親子の絆づくり "赤ちゃんがきた！" は、愛称として BP プログラムと呼ばれています（以下、BP とします）。BP プログラムは、0 歳児を初めて育てている母親のための仲間づくり、親子の絆づくり、少し先を見通した育児の基礎知識学習を目的にしたものです（原田, 2012）。ノーバディズ・パーフェクト・プログラムの実践を元にして日本で作られた参加者中心型プログラムです。

BP プログラムには前期プログラムと後期プログラムがあります（原田, 2012）。「前期」プログラムは、2 〜 5 か月児を始めて育てている母親を対象としたものです。「後期」プログラムは、5 〜 8 か月児を始めて育てている母親を対象としたものです。前期プログラムがメインプログラムです。2 つのタイプとも、毎週 1 回、連続 4 回プログラムで、初めの 90 分は構造化されており、その後の 30 分は自由交流タイムです。資格を持った BP ファシリテーターが運営します。

ファシリテーターの養成が進み、少しずつ普及しています。

● 「新米ママと赤ちゃんの会」プログラム

「新米ママと赤ちゃんの会」プログラムは、初めて 0 歳児を持つ母親を対象としたプログラムです（NPO 法人ウイズアイ, 2014；宇野, 2015；宇野, 2016；宇野・増田・遠藤・蒲原・黒田・伊藤・宮崎, 2016）。平成 14 年に東京都清瀬市におけるボランティア活動の中から生まれたものです。当初は生後 5 〜 6 か月児を持つ母親を対象としたもので、以下で説明しているノーバディズ・パーフェクト・プログラムの経験を元に作られました（NPO 法人ウイズアイ, 2014）。しかし、実践を積み重ねていく中で、対象児を生後 2 〜 3 か月とし、誕生月でグループ化し、1 クールを 3 回連続講座から 4 回連続講座に変更した方が適切だということがわかってきました。この時期は赤ちゃんの首がすわり始めた頃で、出産後に低下した母親の体力が少しずつ元に戻る時期と重なります。母親の関心が外に向かう時期でもあります。

このプログラムの特徴は誕生月が同じ子どもを持つ母親が対象となっていることです。したがって、年間 12 クール実施されます。1 クールは 4 回連続講座となっており、1 回 2 時間程度です。実施間隔は週に 1 回です。参加者数は 12 組までとしています。経験のあるファシリテーターが会を進めます。

母子同席場面と母子分離場面に分かれています。母子同席場面では絵本の読み聞かせや手遊びなどを行い、母子分離場面では、赤ちゃんの世話は保育スタッフが行い、母親たちはグループワークに取り組みます。グループワークでは子育てで気になることや家族のことで気になることを話し合うものが組み込まれています。3 回目を終える頃には参加者同士のつながりができて、プログラム終了後も参加者同士で交流を続けたくなります。そこで、最終回の第 4 回ではスタッフの手伝いを借りながら、自分たちで自主的に集会を行う練習をします。つまり、第 4 回目には自主グループが立ち上がります。自主グループができることで、プログラム終了後、地域の中で支え合いながら子

育てをしていくことができます。これまでいくつも自主グループが誕生しています。

「新米ママと赤ちゃんの会」プログラムは，プログラム評価研究を行うことで，科学的根拠に基づく効果的なプログラムに発展させようとしています（宇野，2015；宇野，2016）。母子保健領域と連携し，家庭訪問によって見つけた親子をプログラムに誘い出すことで１次的予防のプログラムとしてさらに効果を発揮するでしょう。2016年２月の時点では，東京都清瀬市と東京都東久留米市で実施されています。ファシリテーター養成の準備を進めているところであり，今後の発展が期待されます。

12-2. ワークA　心理教育プログラムを体験してみよう

● ワークの目的

心理教育プログラムの実際を理解しましょう。あなたは０歳児（生後２か月）を初めて持つ親（専業主婦・専業主夫・里親）です。見知らぬ土地で子育てを始めました。パートナーは育児や家事の手伝いをしてくれ，あなたは感謝しています。パートナーにはあまり不満はありません。しかし，自分の子育てに自信がありません。他の人はどうやっているのか気になっています。

子育て支援における心理教育プログラムについて理解を深めるために，以下のワークに取り組みましょう。

● ワークの方法

やり方は，以下のワークシートに書かれている質問に回答しましょう。

ステップ1

次の文章は０〜４か月の頃の赤ちゃんの発育と発達に関する記述です。これらの記述が正しければ（　　）に○を正しくなければ×をつけましょう。ただし，赤ちゃんの発達には個人差があり，幅があります。

身体の特徴
- （　　）生まれて１か月の間に体重は1kg増える。
- （　　）1か月くらいで少しずつ赤ちゃんらしいふっくらとした体型になる。
- （　　）生後２か月くらいで，音の鳴る方に顔を向けるようになる。
- （　　）満３〜４か月で生まれた時の体重の約２倍になる。
- （　　）3か月になると首に安定感が出てくる。
- （　　）3か月になると左右に首を回す。
- （　　）生後３〜４か月くらいになると，夕方，突然激しく泣き出す子がいる。

授乳リズム
- （　　）1か月くらいでは，授乳リズムができていない赤ちゃんが多い。
- （　　）3か月くらいで１日５〜６回となり，夜中の授乳も少なくなる。
- （　　）3か月くらいで授乳が少なくなる赤ちゃんもいるが，元気なら心配しなくてよい。

昼夜の区別

- （　　　）生後1か月を過ぎると，起きている時間が少しずつ長くなる。
- （　　　）生後1か月を過ぎると，赤ちゃんの多くは夜何回も目を覚ます。
- （　　　）生後3か月くらいになると，そろそろ昼夜の区別がついてくる。
- （　　　）生後3か月くらいになると，夜は5～6時間眠ってくれる子がいる。

社会性

- （　　　）生後2～3か月くらいになると，表情が豊かになる。
- （　　　）生後2～3か月くらいになると，「アーアー」など独りごとを言う。

ステップ2

　生後2か月の赤ちゃんが4人かけの背もたれがついているソファで寝かされています。赤ちゃんの顔のそばにはお菓子を入れていた透明のビニール袋（スーパーでもらえるもの）が置いてあります。また，赤ちゃんは50センチくらいのひもを持って遊んでいます。

　この場合，あなたならどうしますか？なぜ，そう考えたのでしょう？

ステップ3

　みんなに聞いてみたいこと，心配なこと，気になること

ステップ4

　ステップ3の「みんなに聞いてみたいこと，心配なこと，気になること」について話し合ってみましょう。

ステップ5

意見交換してみてあらためて気がついたことはありませんか？できるだけ具体的に書いてみましょう。

※　ワークの作成にあたって，NPO 法人ウイズアイ（2014）と平山（監修）（2013）を参考にしました。

（回答）

ステップ 1：すべて○が正解。

12-3. ワークB　たまご赤ちゃんの世話をする

● ワークの目的

読者の皆さんのほとんどは子育て経験がないかもしれません。子育てが大変だと言われても想像できないかもしれません。そこで，子育ての疑似体験をしてみましょう。特に，親は子どもの生存（命）を優先しながら行動していることを学びます。

● ワークの方法

新鮮な生卵の名前（姓名）を考えます。マジックでその名前を生卵に書きます。その時に，顔を書いてもよいです（以下，たまごちゃんと呼びます）。次に，たまごちゃんが割れないように抱いて，地域の図書館に出かけましょう。大学であれば，大学付属の図書館がよいでしょう。図書館についたら，0 歳児に読み聞かせてみたい絵本を探しましょう。その絵本を借りましょう。学生であれば，絵本ではなく期末レポートなどに必要な文献（子育てや保育に関する本）を借りても良いです。こっそり，絵本の表紙とたまごちゃんとの記念写真を取りましょう。ただし，周囲の人や図書館に迷惑がかかることがあるので，館内の撮影については十分に配慮し，無理に記念撮影しなくてよいです。図書館が苦手な人は，近所の公園に出かけてみましょう。たまごちゃんを遊ばせるつもりで，公園でしばらく過ごしてみましょう。

ステップ1

　たまごちゃんを連れて歩くのにどんな感想を持ちましたか？たまごを持ち歩くという普段しない体験から本当の赤ちゃんを連れて歩くことを想像してみましょう。

ステップ2

　たまごちゃんを落としそうになったことはありませんでしたか？落とした人はどんな気持ちですか？落とさなかった人はどんな工夫をしていたのですか？

ステップ3

　図書館で，もしたまごちゃんが泣きだしたとしたらあなたに何が起こりそうですか？

ステップ4

　たまごちゃんとの散策体験を他の人と共有しましょう。あなたと似た体験，違った体験などを聞けるかもしれません。意見交換する時に，たまごちゃんの名前の由来を相手に教えてあげてください。

ステップ5

意見交換してみてあらためて気がついたことはありませんか？できるだけ具体的に書いてみましょう。

※　ワークの作成にあたって，牧野（編著）（2008）人間と家族を学ぶ家庭科ワークブックを参考にしました。

コラム　家族病理

　臨床心理学や精神医学の分野では心の病や発達障害について研究が行われています。医学モデルでは，病気や障害の原因がわかれば，治療ができると考えます。したがって，原因を探る研究が積み重ねられてきました。その原因の一つに「家族」が着目されました。これを家族病理ということがあります。例えば，統合失調症の原因の一つに母親の不適切な養育態度があると考えられたこともあります。しかし，今日ではあまり家族病理という言葉は使いません。家族が病気や障害の唯一の原因であると言い切るほど単純ではありません。

第13章

心理教育的アプローチによる
子育て支援②

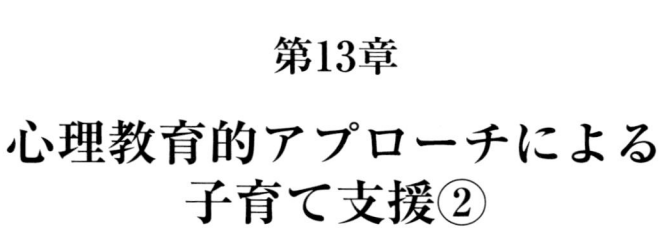

本章の概説

　前章では，子育て支援における心理教育について理解しました。心理教育は子育て支援の方法で，特に予防的な支援方法として注目されます。親となってからの心理教育として日本でも様々なプログラムが実施されています。その中で，夫婦を対象としたものがありました。

　本章では，子育てをしている夫婦を対象とした心理教育プログラムについて見てきましょう。

13 心理教育的アプローチによる子育て支援②

13-1. 講義

13-1-1. 目的

　本章では，子育て支援における夫婦を対象とした心理教育プログラムについて理解します。夫婦を対象とした心理教育プログラムが少ない現状の中で，どのように実践されているのでしょうか？子育て支援における夫婦を対象とした心理教育の実際について理解を深めていきましょう。

13-1-2. 子育てユニット形成促進プログラムとは

◉　プログラム誕生の背景

　子どもは夫婦だけで育っていたわけではありません。子どもは地域のおじさんやおばさん，おじいさんやおばあさんによって育てられてきました。大藤 (1982) は，仮親，帯親，取り上げ親，乳つけ親，名付け親，拾い親，養い親，里親，守り親といった様々な親の目があったことを明らかにしています。このような親の目の意味として，「道で出会えば，あいさつすること，あるいは危ないことをしているときには注意してやるなど "社会の子ども" として育てるという大人の責任，いいかえれば社会教育が果たされていた」と述べています (大藤，1982)。大人からの世話だけでなく，小さい子どもが赤ちゃんを背負って世話をしている写真も残っています (無名舎出版 (編)，1988)。私たちは日本の民俗から学べることがあるように思います。しかし，日本の民俗はだんだんと失われています。では，現代において，子育てで困っているときに仮親のような安心して頼れる人や場所はあるのでしょうか？私たちは，実際，子育て支援制度によってサポートを受けています。しかし，制度ではなく，身近な地域の中で子育てにおいて頼れる存在がいることで様々な危機を乗り越えやすくなります。私たちはそのような頼れる存在に気がついているのでしょうか？

◉　子育てユニットを見つけよう

　養育者は必要に応じて安全基地を作る能力とそれを利用する力をもっています。時間の流れの軸にそって家庭はその時に必要な安全基地との関係を結んでいくと考えます。その関係は永続的なものもありますが，不必要となるもの，あるいはその時点では存在感が大きいものではありませんが，つながりは保たれているといった多様な関係を生成していると考えます。つまり，安全基地は浮かんだり消えたりするようなものとして考えています。常に意識されているものもあれば，あまり意識されないものもあるということです。家庭が困難な事態に直面した時に，安全基地を利用できることが望ましいと考えます。このような安全基地の役割を果たすのが子育てユニットです。

◉　子育てユニットとは

　子育てユニットとは，「子育てにおける人や場所との組み合わせ」です (宇野，2013)。養育者は，この組み合わせを活用することで，子育てで遭遇した危機を乗り越えていくと考えられています。そして，子育てユニットは情緒的サポートによって組み合わされます (宇野，2013)。

　理論的に，1次的子育てユニット，2次的子育てユニット，3次的子育てユニットに分かれていると考えます (宇野，2013)。1次的子育てユニットは，子どもの親，里親，親代わりのきょうだい，親族，施設職員 (入所型)，などを言います。2次的子育てユニットは，親族，きょうだい，友人 (現実とネット上)，施設職員 (入所型)，などを言います。3次的子育てユニットは，幼稚園，保育所，学校，子育て支援施設，通所型福祉施設，各種相談機関，子育ての自助グループなど，企業，市町村，自治

体，国，などを言います。

　その機能は，**情緒的サポート**です（宇野，2013）。情緒的サポートによって養育者は子育てにおける安心感が得られます。子育てを人生における危機として考えるならば，養育者は自助努力だけでなく他者からのサポートを受ける必要があります。人は未知なものに不安を抱きます。子育て経験のない人にとって，子育ては不安を喚起する出来事です。原田（2006）は，子育ての不安な状況が解決されないままであると不適切な養育につながると述べています。養育者が他者から情緒的サポートを得ることは，まるで子どもが不安な時に愛着対象に近づく行動と似ています。養育者にとって子育てにおける安全基地が必要なのです。Bowlby（1988 二木監訳 1993）は**安全基地**を「この役割は，励ましや援助が必要なときにいつも利用でき，それに反応する用意がなされている状態であるが，明らかに必要な時にしか積極的に介入することはないもの」と述べています。同様に養育者にとって，子育てにおける情緒的サポートが明らかに必要なときに，安全基地の役割を発揮するのが子育てユニットです。つまり，養育者は子育てユニットになり得る人や場所を選択していることになります。誰でもどんな場所でも安全基地となるとは限らないからです。このようなユニットの選択は「安心で頼れるかどうかで決まる」と考えます（宇野，2013）。Bowlby（1988 二木監訳 1993）は，さらに示唆的なことを述べています。すなわち，「気心のあった女性が一緒にいることは，母親にとって新しい母親が提供されることと同様である。その新しい母親は情緒的に彼女を支持するものであり，私の言葉で言えば，安全の基地を与えることである。私たちは皆ストレスが加わったときにはその安全の基地を必要とし，それなしではリラックスすることが難しいのである」と述べています。

　以上のように，子育てにおいて安全基地をいくつか利用できる状態を作っていくことが望ましいことが分かります。まずは，子育てのパートナーである配偶者や子育て支援者が養育者の安全基地になることができるでしょう。

13-1-3. 子育てユニット形成促進プログラムの構成
● プログラムの構成

　子育てユニットを作るために，**子育てユニット形成促進プログラム**が開発されています（宇野，2013）。プログラムは1クール5回で構成されています。

　第1回は「子どものこころ，家族のこころ」です。ここでは，愛着の知識についての講義を行います。また，参加者同士の出会いのきっかけを得るために参加者の子育てに関する価値観について知ります。第2回は「家族を表現」です。ここでは，軽量粘土を使って夫婦が協力して作品を作ります。作品には参加者の思いが込められており，それを共有する中で夫婦関係についての新たな認識が得られることが期待されています。参加者の多くは子育てに追われていて，夫婦で向き合う機会が減っています。そのような中，作業に取り組むことで，新たな気づきが得られています。第3回は「コミュニケーションスキルアップ」です。夫婦が愛着コミュニケーショントレーニングに参加し，夫婦間のコミュニケーションを促進します。実際に体験すると，お互いの気持ちが伝わらないこと，伝わることの意味が理解されます。第4回は「地域で育つ，地域に育ててもらう」です。ここでは子育てユニットの意味を理解するために，子育てユニットマップ法を行います。子育てにおいて頼れる人や場所を確認することができます。意外な人が子育てユニットだったという気づきやパートナーと自分のマップの内容が異なることを発見することで新たな気づきが得られます。第5回は「これからの子育て」です。これからパートナーと共に子育てユニットを作っていくために，現状把握と問題の明確化を行います。また，プログラム終了後は家族ぐるみで交流ができる関係になることがあります。

13-1-4. 子育てユニット形成促進プログラムの実際

　このプログラムの参加者がどんなことを学んでいるのか，一部ですが見ていきましょう。ここでは，子どもとの愛着関係と夫婦間の愛着関係について見ていきます。

◉　子どもとの愛着関係を育もう

　子ども（赤ちゃん）と**愛着対象**（主に親）との間の情緒的な絆やつながりのことを**愛着**と呼びます（Prior & Glaser, 2006 加藤監訳 2008）。愛着という概念は子どもの行動を観察することで理解が深められていきました。愛着を目に見えるようにするために，つまり，観察できるようにしたことで研究が発展しました。その行動を**愛着行動**と呼びます。

　愛着行動は，安全（safety）や安心（security）を愛着対象に求める行動です。人に備わっている保護への欲求に基づく絆と言えます。つまり，人は本能的に養育者に愛着をもつと考えられています。人の子どもは保護されなければ生存できません。愛着行動は人が生きていくうえで重要な本能的な保護への欲求なのです。

◉　どんな時に愛着欲求が促進されるか

　ここでは，愛着欲求を子どもが愛着対象に近づきたいという気持ちと理解しましょう。子ども側の条件として，疲労，空腹，病気，苦痛，寒さなど子ども一人では対処できない事態に遭遇しているときに**愛着欲求**は高まります。また，愛着対象側の条件として，愛着対象の不在，愛着対象が離れていくこと，愛着対象に赤ちゃんを接近させないようにすることによって愛着欲求が高まります。さらに，他の環境の条件として，ハプニング（驚き），他の子どもや大人からの拒絶によって愛着欲求が高まります。これらの条件は，子どもにとってはストレスの元です。ストレスの元になるものを**ストレッサー**と呼びます。親（愛着対象）は，子どものストレスを緩和するために養育行動を通してストレッサーを除去します。子どもはストレスを緩和してくれる対象，愛着欲求を満たしてくれる対象を次第に信用していきます。

◉　安全な隠れ家と安全基地

　安全な隠れ家（a safe or secure haven）と**安全基地**（secure base）という概念があります。愛着対象は子どもにとっての隠れ家の役割を果たします。例えば，子どもが恐れや不安，警戒しているときに，愛着対象に近づきます。この時，愛着対象が安全な隠れ家の役割を果たしています。次に，子どもの恐れや不安，警戒が和らぐように愛着対象がなだめるなどします。このような養育行動によって子どもに安心感や満足感が得られます。この時，愛着対象が安全な基地の役割を果たしています。子どもは恐れや不安を感じた時に愛着対象の元に近づき，安心感や満足感を得られると，今度は安全基地から出ていって，外界を探索します。このような経験を繰り返すことで，子どもは次第に養育者のことを愛着欲求を満たしてくれる愛着対象として認識していきます。

◉　愛着サイクル

　子どもにとって自分の基本的欲求を満たしてくれる親（養育者）は信頼できる対象になります。基本的欲求の中には愛着欲求も含まれます。例えば，赤ちゃんが不安や不快を感じているときに，泣きます。この泣くということで養育者に自分のことを気づかせます。欲求を満たして欲しいことを伝えたことで，期待通りの満足が得られ，その満足を与えてくれた対象を信じるようになります。このような過程を**愛着サイクル**と呼んでいます（藤岡, 2008；Levy & Orlans, 1998 藤岡他訳 2005）

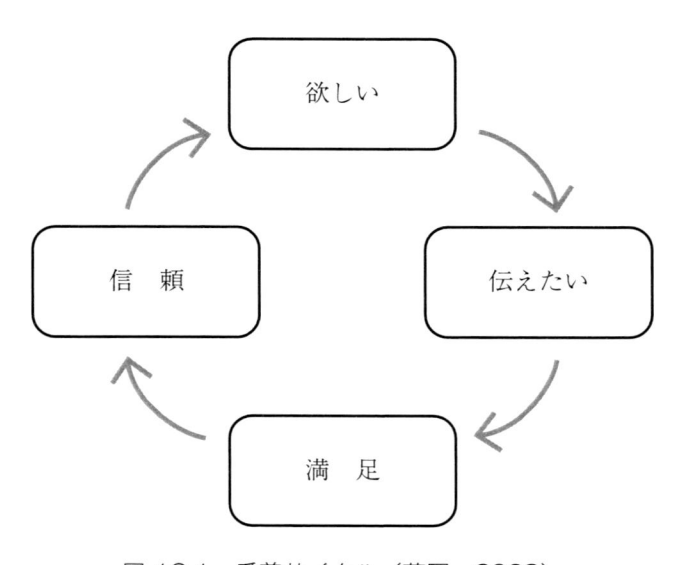

図 13-1　愛着サイクル（藤岡，2008）

● 癒しの親

「子どもの保護を最優先とし，子どもの欲求に敏感でかつ応答的に子どもの欲求を満たし，満足を与え，子どもにとって利用可能な存在であり，かつ子どもから物理的・心理的に近い場所にいる人」のことを癒しの親と呼びます（Levy & Orlans, 1998 藤岡他訳2005）。

想像してみましょう。あなたはこれまで癒しの親に出会ったことはあるでしょうか？癒しの親は虐待などによって心に傷を負っている子どもたちを養育する人にとっての指針のようなものです。虐待などによって心に傷を負っている子どもには癒しの親のような治療的な養育が求められています。一般の子育て家庭においては，普通に献身的な子育てをすればよいのです（Winnicott, 1987 成田善弘・橋本真弓訳 1993, pp.15-26）。あなた流の子育てでよいのです。

● 夫婦間の愛着関係

夫婦の間においても愛着サイクルが当てはまります（宇野，2013）。図 13-2 を見てみましょう。夫と妻の愛着サイクルが描かれています。具体的な生活場面を例にとりながら夫と妻のサイクルがどのように回っていくのかを説明してみましょう。ここに若い共働きの夫婦がいます。金曜日，妻は18 時に帰宅，夫も同じ頃に帰宅しました。二人とも昼食をゆっくりとれず，お腹がすいています。夫は「何か食べたい」と述べ，妻は「おいしいものが食べたい」と述べます。この夫婦は生まれてくる子どものために節約生活をしています。夫はなるべく贅沢をしないで将来のためにお金を残しておきたいと考えています。妻も夫と同じように節約が大事だと思っています。でも，たまにはいつもと違うレストランに行きたいと思っています。

大事なポイントは，相手の欲求に敏感であることで，相手の出すサインを受けとり，相手の欲求を満たしてあげることです。相手の欲求に対して敏感に察知し，対応することで相手が満足します。欲求を満足することで欲求を満たしてくれた相手に対して信頼感を抱くようになります。この関係は一方向的なものでなく，一方的に相手の欲求を満たすということではありません。お互いに欲求を満たし合う関係です。このようなサイクルを日常で意識していくことが大事であり，サイクルがうまく回っている時と，サイクルがうまく回っていない時に何が生じているのか，観察することが大事です。

ここに，子どもの愛着サイクルが加わると，より一層複雑になります。だから，夫婦間の愛着サイクルがうまく回転していることを目ざすことが先決なのです。夫婦間の愛着サイクルがうまく回っていることで，子どもの愛着サイクルとのバランスをうまくとれるようになるのではないかと考えています。

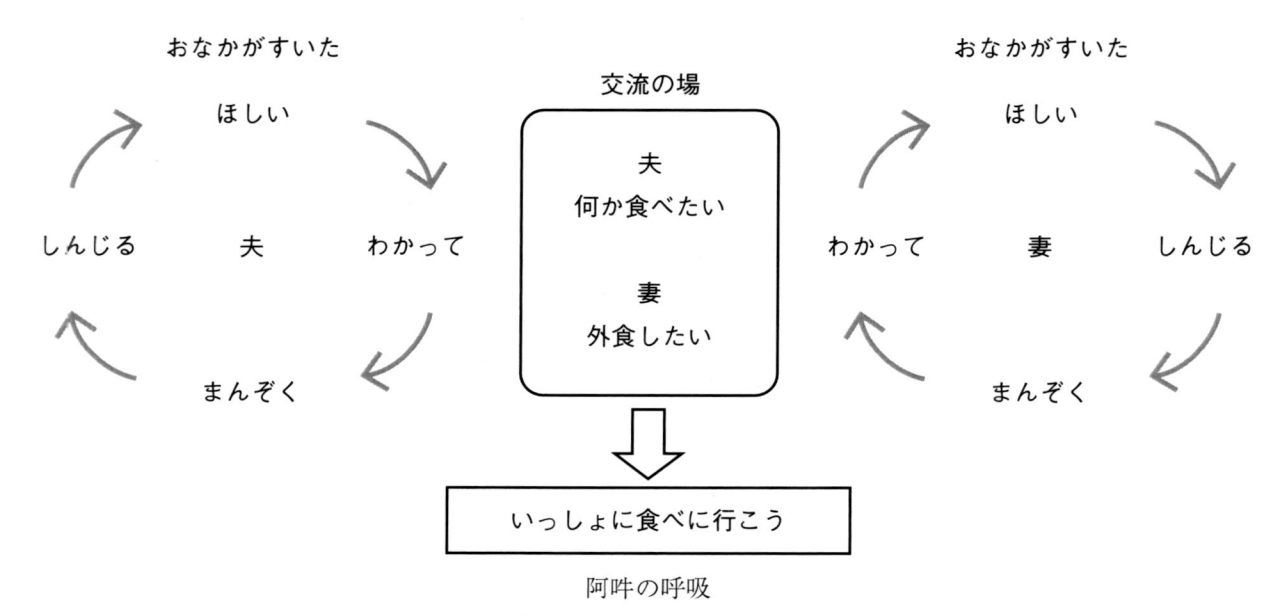

図 13-2　夫婦間の愛着サイクルのモデル（藤岡，2008を筆者が一部改変）

13-2. ワークA　子育てユニットについて考えてみよう

● ワークの目的
　心理教育プログラムの実際を理解しましょう。今のあなたの立場から愛着関係について考えてみましょう。
　愛着関係について理解を深めるために，以下のワークに取り組みましょう。

● ワークの方法
　やり方は，以下のワークシートに書かれている質問に回答しましょう。

ステップ1

　もしあなたが生活するうえで辛くなったとき，誰に慰めてもらおうとしますか？あるいは慰めてもらおうとはしませんか？なぜ，そう考えたのでしょう？

ステップ2

　もしあなたが生後2か月の赤ちゃんを育てていて辛くなったとき，誰に慰めてもらおうとしますか？あるいは慰めてもらおうとはしませんか？なぜ，そう考えたのでしょう？

ステップ3

　もしあなたが生後2か月の赤ちゃんを育てていて辛くなったとき，実際，誰に慰めてもらえますか？具体的に挙げてみましょう。その時，安全と安心を感じることができる人や場所を考えてみましょう。それは誰ですか？そこはどこですか？なぜ，そう考えたのでしょう？

ステップ4

　子育てユニットを作る上であなたがパートナーにどんなことを求めているでしょう？以下の質問に答えてみましょう。当てはまる数字を黒く塗りつぶしましょう。

	全くあてはまらない	あまりあてはまらない	ややあてはまる	かなりあてはまる	非常にあてはまる
（1）私は，自分自身が子育てでつらくなった時に，パートナーに安心させてもらおうとする	①	②	③	④	⑤
（2）私は，私自身の子育てのことで不安な時に，「なぐさめて欲しい」などと言える	①	②	③	④	⑤
（3）私は，自分自身が子育てで追い詰められそうになった時，パートナーになだめてもらおうとする	①	②	③	④	⑤
（4）私は，私自身の子育てのことで困った時に，「助けて」と言える	①	②	③	④	⑤
（5）私は，万が一，子育てに限界を感じたとしても，おそらくパートナーが安心させてくれるだろうと思えるように，普段からパートナーに安心感を求めている	①	②	③	④	⑤
（6）私は，もし子育てで困ったことになったら，たいていはパートナーが助けてくれるだろうと確信できるように，パートナーに日頃から頼るようにしている	①	②	③	④	⑤
（7）私は，子育てで自分が悩んでいる時に，パートナーにそばにいて欲しいと伝える	①	②	③	④	⑤
（8）私は，私自身の子育てで，自分が笑顔でいられるように，パートナーにして欲しいことを伝えている	①	②	③	④	⑤
縦の欄の合計得点					
全ての合計得点					点

ステップ5

　ステップ4の子育てユニットを作る上で他の人がパートナーにどんなことを求めているでしょうか？もし，パートナーがあてにならない時はどうしたらいいでしょうか？話し合ってみましょう。

ステップ6

　意見交換してみてあらためて気がついたことはありませんか？できるだけ具体的に書いてみましょう。

　※　ワークの作成にあたって，宇野（2013）を参考にしました。

13-3. ワークB　親密性を育むコミュニケーションについて考えてみよう

● ワークの目的

　読者の皆さんは第6章で，「親密な関係を育むためのコツ」として，①類似性の認知，②ラポールの形成，③自己開示の促進，④役割の相補性の認識，⑤パートナーシップの結晶化について学びました。ここでは，「③自己開示の促進」の具体的な方法について学びましょう。

● ワークの方法

① ワークの概要

　近くに座っている人と3人組を作ります。簡単に自己紹介をした後に，役割を決めます。1人目が話し手，2人目が聞き手，3人目が観察者です。この役割は交代していきます。話し手は「好きなものやこと」について聞き手に説明しましょう。聞き手は話題提供者の話を聞きましょう。その際にルールがあります。ルールに従ってコミュニケーショントレーニングをします。観察者は話し手と聞き手のやりとりを観察します。

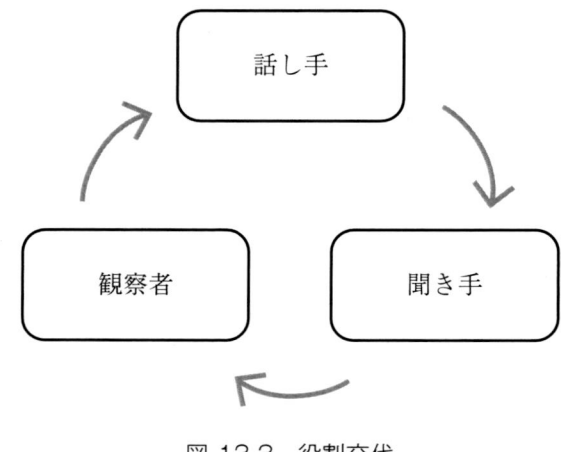

図 13-3　役割交代

② ワークのルール

　ルールは簡単です。お互いに相手を責めたり，批判したり，見下したりしません。自分の意見と相手の意見が違っても説得しません。相手が話している途中で話を遮らず，最後まで聞きます。聞き手は，尋問のような聞き方はしません。相手が話しやすい雰囲気を作ります。会話が破壊的なものになりそうな場合はすぐに中断します。

　トレーニングを行うときは，自分と相手がトレーニングすることに同意していなければなりません。どちらか一方が他のことで集中できない時や時間が十分にない時には行いません。トレーニングは強制して行うものではありません。間違った使い方の例の一つに，このトレーニングの中で「相手を自分の思う通りに動かそうとすること」があります。この方法は相手をコントロールすることを目的にしていません。自分と相手の気持ちを尊重しながらコミュニケーション（自己開示）がうまくいくことを目的にしています。

③ ワークのすすめ方

　話し手は必ず「私は」で始める言い方をします。話題は１つだけです。話の内容が具体的であるほど良いです。話が長くならないように手短に話します。話し手は自分の気持ちに正直であることが重要です。自分の気持ちを隠そうとすればするほど，話の内容が相手に伝わりにくくなります。だから，自分の気持ちに正直に話します。例えば，「私は猫が好きです。猫は気まぐれと言われますが，そんなことはありません。猫は飼い主が呼ぶと近づいてくることもあります」と，必ず「私は」をつけて具体的で手短な話をします。ただし，話したくないことを無理に話す必要はありません。

　聞き手は，相手の話を聞いていることが相手に伝わるように聞きます。例えば，適度にうなずいたり，「ええ」や「ほー」などの相槌を入れたりします。相手の話を聞きながら，相手が伝えたいこと（考えや気持ち）が何かを知ろうと努めます。相手が話し終えたら，次のように反復し，正しく聞きとれているかを確認します。例えば，「私は，あなたは猫が好きだと聞きました。猫は気まぐれと言われますが，あなたはそんなことはないと思っています。あなたは，猫は飼い主が呼ぶと近づいてくることもあると私に伝えています。あっていますか？」と，反復し，必ず最後に正しく聞き取れているかを相手に確認します。

　もし聞き手の反復が正しければ，話し手は「あっています」と答え，話の続きをしていきます。もし聞き手の反復が正しくなかったり，少し違っていたりする場合は，「違います」と伝え，もう一度，

相手に伝わるように具体的に手短に話します。再度，聞き手は反復して正しく聞き取れているかどうかを話し手に確認します。

　話し手が話し終えたら，聞き手は話し手に話してくれたことのお礼を述べ，話を聞いた感想を話し手に伝えます。この時，聞き手は話し手になります。なので，聞き手が話す際も「私は」で始める感想を述べます。例えば，「私は，あなたの猫の話を聞いてあなたが心から猫好きだとわかりました。私も猫が好きなので楽しく聞けました」と感想を述べます。

　最後に，観察者は話し手と聞き手のやりとりを見て，感じたことを話し手と聞き手に伝えます。特にコミュニケーションが成立していたかどうか，考えや気持ちが共有できていたどうかについて伝えてあげましょう。正しい話し方や正しい聞き方の細かい部分の指摘は最小限にしましょう。最も大事なことは話し手と聞き手が満足のいくコミュニケーションができているかどうかです。観察者から見て満足しているように見えるかどうか伝えてあげましょう。

　以上のように，日常会話とは違う方法を練習します。日常会話では会話を止めずに，相手の言いたいことがよくわからなくても推測などして相手の伝えたいことを理解します。日常会話は便利です。しかし，時に相手が伝えたいことがそのまま伝わらないことがあります。このような誤解を積み重ねていかないようすることが大事です。

　このワークでは相手を理解するために会話を自然な流れに任せないで，ステップにわけています。練習なので，このような方法を採用しています。

ステップ1

　このトレーニングを始めた頃はうまくいかないかもしれません。だから，何度も練習していきましょう。以下のトレーニングの約束を読み上げましょう（表 13-1）。

　約束内容をお互いに理解したこと確認するために□にチェックを入れましょう。トレーニングを行うことに同意が得られたら開始です。

表 13-1　トレーニング参加者の共通の約束

☑	約束内容
☐	トレーニングの約束と方法に従います。
☐	相手を責めたり，批判したり，見下したりしません。
☐	自分の意見と相手の意見が違っても説得しません。
☐	相手が話している途中で話を遮らず，最後まで聞きます。
☐	尋問のような聞き方はしません。
☐	相手が話しやすい雰囲気を作ります。
☐	会話が破壊的なものになりそうな場合はすぐに中断します。

ステップ2

　話し手が話します。その際にすでに述べた注意点がいくつありました。そのことに気を付けて話しましょう。終わったら，約束通りできたかどうか確認するために□にチェックを入れましょう（表13-2）。

表 13-2　話し手の約束	
☑	約束内容
☐	話し始めで「私は」をつけます。
☐	話題は1つです。
☐	具体的に話します。
☐	手短に話します。
☐	自分の気持ちに正直に話します。
☐	話したくないことは話しません。
☐	会話が破壊的なものになりそうな場合はすぐに中断します。

ステップ3

聞き手が反復します。その際にすでに述べた注意点がいくつありました。そのことに気を付けて話しましょう。終わったら，約束通りできたかどうか確認するために☐にチェックを入れましょう（表13-3）。

表 13-3　聞き手の約束	
☑	約束内容
☐	適度にうなずいたり，相槌を入れたりします。
☐	相手が伝えたいこと（考えや気持ち）が何かを知ろうと努めます。
☐	相手が話し終えたら反復し，正しく聞きとれているかを確認します。

ステップ4

話し手が最後まで話し終えるまでステップ2とステップ3を繰り返します。時間は一つの話題で5分から7分です。話し手が話し終えたら，聞き手は話し手に話してくれたことのお礼を述べ，話を聞いた感想を話し手に伝えます。

ステップ5

観察者は話し手と聞き手のやりとりを見て，感じたことを話し手と聞き手に伝えます。特にコミュニケーションが成立していたかどうか，考えや気持ちが共有できていたどうかについて伝えてあげましょう。正しい話し方や正しい聞き方の細かい部分の指摘は最小限にし，観察者から見て2人が満足しているように見えるかどうか伝えてあげましょう。

ステップ6

役割交代をしてステップ1〜ステップ5を行います。全員がそれぞれの役割ができるまで続けます。

ステップ7

3つの役割がありました。各役割を演じてみて，「難しかったこと」と「簡単だったこと」について

話し合ってみましょう。

ステップ8
　意見交換してみてあらためて気がついたことはありませんか？できるだけ具体的に書いてみましょう。

　※　ワークの作成にあたって，藤岡（2008），Levy & Orlans（1998 藤岡他訳 2005），宇野（2013）を参考にしました。

第14章

子育てを支える社会作りへ

本章の概説

　前章では，子育て支援における心理教育について理解しました。特に夫婦を対象とした心理教育プログラムについて見てきました。

　本章では，子育てが個人の営みという側面だけでなく社会的営みでもあることを理解し，地域で展開されている子育て支援の必要性を学んでいきます。なぜ子育てを支える社会を作らなければならないのでしょうか？本章では，子育てを社会で支えるという考え方を参考に理解を深めていきましょう。

⑭ 子育てを支える社会作りへ

14-1. 講義
14-1-1. 目的

　本章では，子育てが個人の営みという側面だけでなく社会的営みでもあることを理解し，地域で展開されている子育て支援の必要性を理解しましょう。なぜ子育てを支える社会を作らなければならないのでしょうか？本章では，子育てを社会で支えるという考え方を参考に理解を深めていきましょう。

14-1-2. 子育てコミュニティとは

　子育てしやすい地域コミュニティとはどういったものでしょうか？子育てしやすい地域とはどこのことでしょうか？

　コミュニティという言葉の定義は多義的です。本章では，「期待概念」としてのコミュニティとして把握していきましょう。つまり，期待という意味は，子育て支援において目指すべき姿を示します。かつ，地理的条件に縛られない子育てという機能（営み）に着目した「機能的コミュニティ」という意味です。

　垣内・桜谷（2002）は，「子育て支援とは子育て困難・子育て不安に対する対応であることは確かだが，つまるところ，それらの援助を通して子育てをめぐる豊かな人間関係を地域に構築していくことであり，行政，施設，組織，住民活動の支えのなかで子育てコミュニティが形成されていくことであるとも言える」と述べています。子育て支援をすることによって，子育てコミュニティが形成されていくと考えます。先にも述べたように期待概念としてのコミュニティと考えると，我々が期待する子育という機能（営み）に関することで，「こうあったらいいな」というものを実現していく過程と考えることができます。つまり，垣内・桜谷（2002）が述べる「豊かな人間関係を地域に構築していくこと」になるでしょう。具体的には，地域子育て支援サービスのターゲットとして「子育ちの支援」，「親育ちの支援」，「親子関係の支援」，「育む環境の育成」を行うことで実現していきます。（山縣，2008）。さらに支援の現場での具体的な取り組みの一つに子育てユニット形成促進プログラムがありました（第13章を参照）。宇野（2013）が述べている**子育てユニット形成**とは，家庭の周囲には子育てにおける安全基地がすでに存在する状態を述べたものであり，安全感と安心感を伴う情緒的サポートによる人な場所とのつながりによって形成されていると考えられていました。

　大藤（1982）が明らかにした日本の子育ての民俗があまり見受けられなくなった現在においては，社会制度による子育て支援が必要になっています。ただし，制度のみ充実させても子育てはうまくいかないと筆者は考えます。命を育むことに関する政策や制度にはぬくもりのある人間関係が基盤になくてはならないと考えます。そのような関係性が子育てユニット形成なのです。

　以上のような期待概念としてのコミュニティに関する考え方は一例にすぎません。子育てに関する価値観が多様化しつつあることで，我々一人ひとりがどのような子育てコミュニティを目指すのかについて考えていかなければならないのです。

14-1-3. 子ども家庭福祉とは

　子育てコミュニティを作っていくためには個人の努力だけでは十分ではありません。社会制度によるサポートがなければ構築しにくいテーマです。日本には児童福祉法があります。児童福祉法の理念は，「すべて国民は，児童が心身ともに健やかに生まれ，且つ，育成されるよう努めなければな

らない」かつ「すべて児童は，ひとしくその生活を保障され，愛護されなければならない」と述べられています。この理念を実現するために子育て支援が実施されています。そして，児童育成の責任は「国及び地方公共団体は，児童の保護者とともに，児童を心身ともに健やかに育成する責任を負う」とされています。保護者に責任があるのは当然です。しかし，保護者だけでなく国や地方公共団体にも責任があるとされています。例えば，保護者が病気などによってその責任を担えない事情が生じた場合，国や地方公共団体は育成の責任を担っています。具体的には児童相談所による援助が開始されるようになります。これを事後的対応と呼びます（高橋，1998）。しかし，児童福祉サービスの対象は児童福祉法の理念に謳われているように，「すべて児童」です。もっと言えば，「すべて児童」を育てている保護者も児童福祉サービスの対象となり得ます。このように考えると，事後的対応だけでなく，子育て支援サービスのような事前的対応（予防的対応）が重視されることが理解できます。例えば，生活が困窮して子どもを育てられなくなる前に，地域子育て支援拠点や一時預かり保育などの子育て支援サービスによって住んでいる地域の中で「豊かな人間関係」（垣内・桜谷，2002）を育みながら子育てができるコミュニティを目指すことが重視されるのです。このような子育てコミュニティ形成は個人の努力だけでは実現しにくいものです。だから，社会制度によるサポートが必要になります。近年，これまでの事後的対応にやや重点が置かれていた児童福祉サービスが，事前的対応に関する児童福祉サービス（主に子育て支援サービス）への重点化が進められています。さらに言えば，保護の対象の意味合いが強い「児童」ではなく権利の主体である「子ども」という呼び方がなされてきており，子どもと家庭を一体として把握しようとしています（高橋，1998）。これは1994年に国際連合が定めた国際家族年や1994年に国際連合の児童の権利に関する条約に日本が批准した動きの中で現実的になってきた考えです。このような動きから「子ども家庭福祉」という新たな言葉が使用されるようになっています。この動きを注視しながら，我々一人ひとりがあるべき子育てコミュニティとは何かを議論していくことが求められています。そして，その議論を踏まえて，法的根拠がなくても有効とされている民間のサービスを精査し，社会サービスとして位置付けていくような運動も必要でしょう。

14-1-4. 子どもと親のウェルビーイング

子どもと親のウェルビーイングという考え方があります（高橋，1994）。ウェルビーイングは直訳すると「よい状態」という意味ですが，福祉と訳されることがあります。ここでは，ウェルビーイングを個の尊重と自己実現として考えます（高橋，1994）。先にも述べたように，子育てに関する価値は多様化しています。価値が多様化するということは個人がどのような責任を負うかということを突きつけられます。親の立場からは子育ては自己実現そのものと考えることができますが，一方で親の自己実現の手段にもなり得ます。子どもの立場から考えてみると必ずしも子どものウェルビーイングにならない場合もあります。例えば，親の子どもに対する過度の期待によって子どもの自己実現が損なわれている状態などが考えられます。

真に子どもと親のウェルビーイングを実現するためには，様々な価値観の違いを恐れずに協働し，共に生きていく社会を目指していくことが必要でしょう。そのために「子育て支援」は展開されるべきでしょう。

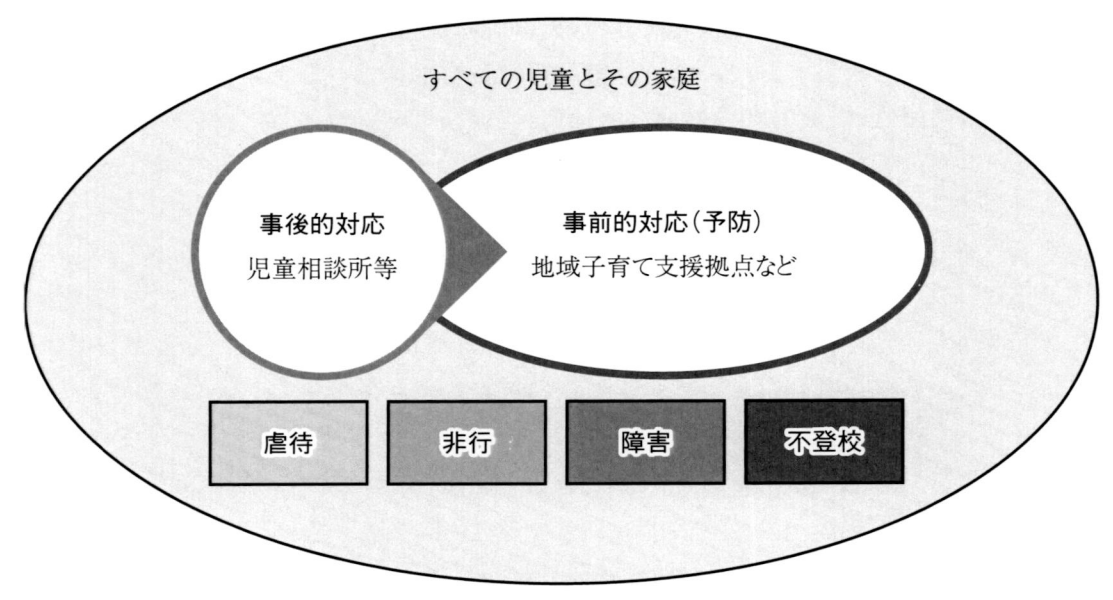

図 14-1　児童福祉法と子育て支援

14-1-5. 子育て支援の課題

● 外国人の子育て家庭支援

　日本の在留外国人数は増加しています。日本における在留外国人数は，2012 年度末で 203 万 3,656 人，2013 年度末で 206 万 6,445 人，2014 年度末で 212 万 1,813 人と，年々増加しています（法務省，2016）。

　在留資格「永住者」数の増加も増加しています。2012 年〜 2014 年の永住者数は，およそ 5 万人弱増加し，2014 年度末で約 68 万人が「永住者」の在留資格で日本に滞在しています（法務省，2016）。

　日本国内における国際結婚家庭も増加しています。2014 年度の夫妻のどちらか一方が外国籍の婚姻件数は 21,131 件です（総務局統計局，2015a）。これは国内における婚姻件数全体の 3.3％ です（総務局統計局，2015b）。離婚件数は 14,135 件で国内における離婚件数全体の 6.4％ です（総務局統計局，2015c）。さらに，最も婚姻件数の多いのは 2006 年には，44,701 件の婚姻件数がある一方で（総務局統計局，2015a），近年，最も離婚件数が多いのは 2009 年で，19,404 件です（総務局統計局，2015c）。

　母が外国籍で，かつ日本で生まれた乳児の数は増加しています。2014 年は，12,997 人（厚生労働省，2014c），2015 年は 14,993 人であり，日本国内における外国籍母の出産が増加しています（厚生労働省，2015e）。このことから，日本国内で外国人母が子育てをする件数が増加していることが推測されます。

● 国際結婚増加による家庭問題

　以上のように，日本で暮らす外国人が増える中で，日本で子育てをしている外国人も増えていると考えられます。しかし，外国人の子育て家庭の実態はほとんど明らかになっていません。このような中で，例えば，日本人と結婚するフィリピン人女性の増加に伴い，DV，子育て，離婚などの家庭内問題が急増している中で，DV への支援の課題として，財政的・人的資源の不足，支援のつながりにくさ，外国人コミュニティゆえの制約（例，風評），カウンセリングサービスの質の強化と専門家との連携を挙げています。その中で DV 被害者の支援では，二次的被害の防止や暴力の世代間連鎖を断つための予防的家族支援プログラムをも視野に入れるべき（金・津田，2015）という指摘は

示唆的です。筆者は DV といった大きな問題に発展する前に，地域子育て支援拠点などでできるだけ早期の予防的支援が行われるべきだと考えています。しかし，実際はあまり支援ができていないかもしれません。なぜなら，地域子育て支援拠点の支援者が在住外国人子育て家庭を支援できるようにするための，支援者の専門性を担保する人材配置や研修体制は十分とは言えないからです。

　在住外国人子育て家庭は，日本人子育て家庭と同様に DV の問題や子育て不安やストレスを抱えていると考えられます。しかし，在住外国人母が抱える育児上の諸問題に関する実態はほとんど明らかではありません。様々な在住外国人の子育て家庭に関する実態調査が実施されることが急がれます。

● 在住外国人の子育て支援における問題点

　言葉の問題があります。支援者の多くは日本人であり外国語が話せる人は少ないと推測します。しかも，英語圏以外の様々な外国人が日本で暮らしています。日本語が話せる外国人であれば言葉を通して支援内容を伝えることができます。しかし，すべての外国人が日本語に通じているわけではありません。例えば，夫が日本の大学に留学するのに伴って家族で日本にくる人もいます。その場合，妻の方は日本語を話せない場合もあります。日本には乳幼児健康診査という制度がありますが，日本語に長けていないとそのような情報を見逃すでしょう。通訳を通して支援を行うことも考えられますが，いつでもどこでも通訳を伴って行動できる外国人はいないと思います。通訳を雇うには経済的に豊かでないかぎり難しいでしょう。また，定住外国人が増えている中で通訳の数は足りません。子どもの方は日本での暮らしが長くなると日本語を覚えます。しかし，親の方はなかなか日本語を覚える機会がありません。親が子どもを通して日本の生活のやり方を学ぶこともあります。しかし，子どもが親に教えるという方法には限界があります。

　異文化理解・異文化コミュニケーション能力の不足もあります。通常，特定の日本人を除いて，外国人と話す機会や一緒に作業をする機会はほとんどありません。異文化を理解するための教育的機会も少ないです。日本人の価値観で外国人と接するとお互いに誤解することがあります。お互いに知り合う機会がない中で偏見を持っていることもあります。

　支援の地域格差の問題があります。在住外国人が多い地域であれば，接する機会も多くなります。その場合，定住外国人が抱える子育ての諸問題を地域社会で共有しやすくなります。しかし，在住外国人が少ない地域では個別性の高い特別ケースとして考えられ地域社会の問題とは認識しにくい可能性があります。

　上記のような問題を解決するヒントの１つに Allport の**接触仮説**というものがあります（Allport, 1954 原谷他訳 1961）。接触仮説では，４つの条件，すなわち，平等性，共通の目的，社会的あるいは権威者の支援，協力関係を整えて外集団と接触させることによって外集団への偏見が減少すると考えられています。外集団とはここでは在住外国人と考えてみましょう。この仮説を受けて，民族的外集団に対する偏見を軽減することにつながる接触の条件が何かを検証する研究がなされてきました。 接触仮説によれば，対象集団との接触が，対象集団に対する態度変化（偏見）に影響を及ぼすことが予測されています。この知見を援用すると，私たち一人ひとりが外国人の人たちと触れ合う機会を持つことが重要だとわかります。しかし，現状は定住外国人の子育て家庭と接する機会は少ないです。だからといって無視できる問題ではありません。なぜなら，定住外国人の子育て家庭は増加しており，彼らが抱える DV などの問題がクローズアップされ，支援の現状と課題が検討されているからです（金・津田，2015）。

14-2. ワークA　子育てコミュニティについて考えてみよう

● ワークの目的

受講生との意見交換を行いながら，本コースで学習した内容を整理し，子育てや子育て支援に関する自分なりの考えを明確にします。このワークで，新たな気づきが得られることを期待します。

● ワークの方法

自分の考えや気持ちを発表します。テーマが3つあります。3色（桃，黄，黄緑）の大きな付箋が用意されています。付箋には，テーマに関することを遠くからでも見えやすいように太く書きます。一つの付箋に一つのことだけを書きます。できるだけ多様な意見が出るように，個人的な批判などはしません。テーマに関係するなら何を書いてもよいです。一人ひとりが書いた付箋を全員が見える場所に貼っていきます。貼り出すことで，他の人の意見も参考にできます。

進行役は教員が行います。教員は出てきた意見をグループ化していきます。その際に，書いた本人にグループ化が適当かどうか意見を求めます。

机はコの字型にするとよいです。人数は20名が適当です。人数が多い場合はグループごとに実施するとよいでしょう。

テーマ
① 目指すべき子育てコミュニティを挙げる
② 現時点の子育ての問題や課題を挙げる
③ ②の問題や課題を解決するための具体的な行動を挙げる

ステップ1

桃色の付箋に「① 目指すべき子育てコミュニティ」がどういったものなのかを書きます。

ステップ2

黄色の付箋に「② 現時点の子育ての問題や課題」がどういったものなのかを書きます。

ステップ3

黄緑色の付箋に「③ ②の問題や課題を解決するための具体的な行動」がどういったものなのかを書きます。

ステップ4

出された付箋の全体をみて思ったことについて話し合ってみましょう。

ステップ5

意見交換してみてあらためて気がついたことはありませんか？できるだけ具体的に書いてみましょう。

第1章

第2章

第3章

第4章

第5章

第6章

第7章

第8章

第9章

第10章

第11章

第12章

第13章

第14章

コラム　電車の中でも声をかけよう

　電車での移動中に 2 歳くらいの女の子を連れたお母さんがいました。お母さんは子どもを連れて席に着きましたが，子どもが席から離れ，入り口までよたよたと歩いて行きました。電車はしばらく出発しません。お母さんは座ったまま，「さゆちゃん，こっちだよ。まだそっちは違うよ。おいて行かれるよ。」と言いますが，子どもはお母さんを振り返っても，その場から動きません。

　あなたなら，この親子に関わりますか？お母さんが子どもの様子を見ているから大丈夫でしょうか？もし，子どもが電車とホームの隙間に落ちたら？

おわりに

　筆者が子育て支援に関わるようになったのは，2010 年からです。ちょうど東京都清瀬市にある日本社会事業大学大学院で夫婦を対象とした心理教育プログラムの開発評価に関する研究を開始しようとしていた頃です。夫婦を対象とした心理教育プログラムを子ども家庭福祉領域における予防的取り組みとして位置づけようと考えていたのです。そうなると，地域の子育て支援との接点が必要となってきました。筆者は関東での暮らしも初めてで地縁など全くありませんでした。そこに東京都清瀬市で活動していた NPO 法人ウイズアイとの出会いがありました。児童養護の世界しかわからなかった筆者としては地域における潜在的なニーズに気がつく機会でもありました。地域で子育てをしている方たちが，児童福祉の援助対象となる前に，地域の中で予防的な実践ができるのではないかと思います。実際，地域における様々な援助によって救われている人がいることを理解しました。逆に，地域において適切な援助が無かったり，援助を受けてもうまくいかなかったりする場合に児童福祉の対象となるのだと理解できます。また，法律や制度の裏付けがなくても地域のニーズに合わせて援助サービスが開発されていることも発見しました。地域の中には実践のヒントが数多く埋もれています。我々のような援助者は実践現場との接点を常に維持しなければならないと思います。

　筆者は社会的養護における心理療法に最も関心があります。しかし，子どもを中心として考えてみると，個別的な心理療法だけでは援助はうまくいきません。ここに家族療法との接点があります。地域にも目を向けていくと，地域へのアプローチの重要性も理解しています。ここにソーシャルワークやコミュニティ心理学との接点があります。子どもや子育ての民俗といった歴史的なことにも関心があります。アロペアレンティングという動物の子育てにも関心があります。これらの関心はすべて社会的養護における実践的な貢献を生み出すことを視野に入れることで膨らんできました。筆者は「子育てユニット」という概念を用いてこれらの領域を統合して理解しようと考えています。しかし，未だ道半ばです。具体的に取り組んでいるのは児童養護施設におけるスーパービジョンに関する研究，地域子育て支援拠点における夫婦を対象とした予防的心理教育プログラムの開発評価，「新米ママと赤ちゃんの会」プログラムの開発評価などになります。筆者自身，これらのテーマがどのように統合されていくのか楽しみであります。なお，これらの成果の一部は本書に活かされています。

　本書はワークブック形式の子育てと子育て支援に関する入門書です。その目的を達成できていることを願います。「はじめに」で述べたように，子育ては学際的なテーマです。本書は子育てと子育て支援のすべてを網羅できているわけではありません。将来，本書の執筆に携わる人たちが増えていくことを想像しながら，第 2 版の執筆に取り組みたいと思っています。

　最後になりましたが，本書の出版にあたっては，多くの人からお世話になりました。これまで出会ったたくさんの子どもたちとそのご家族，援助者の方々に多くのことを教えていただきました。この場をお借りして深くお礼を申し上げます。子育て支援のパートナーとして様々な支援をしていただいている東京都清瀬市の NPO 法人ウイズアイさんをはじめ，様々な援助機関の皆様に深くお礼を申し上げます。子育て支援へとつながるきっかけを与えて下さり，また夫婦を対象とした予防的心理教育プログラムの開発評価をまとめるに際し，ご指導いただいた日本社会事業大学教授藤岡孝志先生には感謝いたします。藤岡孝志先生には，児童養護施設における援助者支援に関する実践及び研究についてもご指導をいただいております。臨床家として実践しながら科学的根拠も追及す

る姿勢は大学人としての筆者には最良のモデルです。また，修士課程の指導教員である山下景子先生に深く感謝申し上げます。修士課程の学びは今でも臨床の拠り所となっております。また，故高橋重宏先生にも感謝申し上げます。本書には子育て支援における「子どもと家族のウェルビーイングの促進」（高橋，1998）という重要なテーマが通底しています。今後，さらに実践と研究を追求し，社会的養護および子育て家庭に貢献していきたいと思います。

　最後になりましたが，小野高速印刷株式会社出版事業部の黒田貴子さんには原稿に丁寧に目を通していただき，多くのご示唆をいただきました。また，本書の完成に向けてご努力いただきました出版社の皆様には心からお礼申し上げます。

　2016 年 3 月

宇野耕司

引用文献

Allport, G. W. (1954). The Nature of Prejudice, Mass: Addision-Wesley（原谷達夫・野村昭（訳）(1961). 偏見の心理　上・下　培風館）

Bowlby, J. (1988). A secure base: clinical applications of attachment theory. London: Routledge.（ボウルビィ. J. 二木　武（監訳）(1993). 母と子のアタッチメント―心の安全基地　岩﨑学術出版）

Buss, D. M. (1989). Sex differences in human mate preferences: Evolutionary hypotheses tested in 37 cultures. Behavioral and brain sciences, 12, 1-14.

Catano, J. W. (1997). Nobody's Perfect Program Book. Ottawa: Minister of Public Works and Government Services（キャタノ. J. W. 三沢直子（監修）幾島幸子（訳）(2002)　完璧な親なんていない！―カナダ生まれの子育てテキスト　ひとなる書房）

Catano, J. W. (2000). Working with Nobody's Perfect: A facilitator's guide. 3rd ed. Ottawa: Ministre of Public Works and Government Services.（キャタノ. J. W. 三沢直子（監修）杉田　真・門脇陽子・幾島幸子（訳）(2002)　親教育プログラムのすすめ方―ファシリテーターの仕事　ひとなる書房）

中央法規出版編集部 (2004). 新版社会福祉用語辞典　中央法規

Felitti,V. J., Anda, R. F., Nordenberg, D., Williamson, D., Spitz, A M., Edwards,V., Koss, M. P. & Marks, J. S.（1998）. Relationship of childhood abuse and household dysfunction to many of the leading causes of death in adults: The Adverse Childhood Experiences (ACE) Study. American journal of preventive medicine, 14(4), 245-258.

藤岡孝志 (2008). 愛着臨床と子ども虐待　ミネルヴァ書房

福島富士子・みついひろみ (2014). 産後ケア―なぜ必要か何ができるか　岩波ブックレット

原田正文 (2006). 子育ての変貌と次世代育成支援―兵庫レポートにみる子育て現場と子ども虐待予防　名古屋大学出版会

原田正文（編）(2012). 親子の絆づくりプログラム"赤ちゃんがきた！"―思春期から花ひらく0歳児期の育児　第2版　日本BPプログラムセンター

長谷川寿一・長谷川真理子 (2000). 進化と人間行動　東京大学出版会

平木典子 (1989). カウンセリングの話　朝日選書

平木典子（研究代表者）(2006). 子育て期の夫婦を支援するための心理教育プログラムの開発とその効果測定　文部科学研究基盤研究B（2003 ～ 2005年度）研究成果報告書

平山宗宏（監修）(2013). 母子保健テキスト　母子保健事業団

堀口美智子 (2005). 妊娠期のペアレンティング教育―ジェンダーと発達の視点を組み込んだ米国のプログラムの考察, F-GENSジャーナル, 4, 13-20.

法務省 (2016). H26. 12月末（確定値）公表資料〈http://www.moj.go.jp/content/001140153.pdf.〉(2016年3月8日)

垣内国光・櫻谷真理子（編著）(2002). 子育て支援の現在―豊かな子育てコミュニティの形成をめざして　ミネルヴァ書房.

柏木惠子 (2003). 家族心理学―社会変動・発達・ジェンダーの視点　東京大学出版会

柏女霊峰 (2003). 子育て支援と保育者の役割　フレーベル館

河合隼雄 (1987). 親教育の意義　日本家族心理学会（編）家族心理学年報, 5, 3-12.

金　愛慶・津田友理香 (2015). 日本における国際結婚家庭に関する心理社会的支援―在日フィリピン人のDV被害者支援についての一考察, 名古屋学院大学論集社会科学篇, 51 (4), 95-104

子ども家庭リソースセンター（2003）. Nobody's Perfect 活用の手引き—カナダからの子育て・親支援プログラム　ドメス出版.

国立社会保障・人口問題研究所（2015）. 人口統計資料2015年版〈http://www.ipss.go.jp/syoushika/tohkei/Popular/Popular2015.asp?chap=5〉（2016年2月29日）

小松美穂子・坂間伊津美（2010）. 母性看護学　放送大学教育振興会

近藤　裕（1988）. 婚前の課題—配偶者選択と婚前カウンセリング　平木典子（編集）夫と妻—その親密化と破綻　講座家族心理学　第2巻　金剛出版　pp. 3-24.

厚生労働省（2007a）. 地域子育て支援拠点事業—実施のご案内〈http://www.mhlw.go.jp/bunya/kodomo/pdf/gaido.pdf〉（2016年2月19日）

厚生労働省（2007b）. 不妊に悩む夫婦への支援について〈http://www.mhlw.go.jp/houdou/2007/03/h0327-2.html〉（2016年1月19日）

厚生労働省（2008）保育対策等促進事業〈http://wwwhourei.mhlw.go.jp/hourei/doc/tsuchi/T140603N0020.pdf〉（2016年2月16日）

厚生労働省（2013）. 子ども虐待対応の手引き（平成25年8月 改正版）〈http://www.mhlw.go.jp/seisakunitsuite/bunya/kodomo/kodomo_kosodate/dv/130823-01.html〉（2016年3月3日）

厚生労働省（2014a）. 一時預かり事業の実施について〈http://www.fukushihoken.metro.tokyo.jp/kodomo/hoiku/ichijiazukari_teikiriyohoiku.files/kuni_hoikukinnkyuukakuho.pdf〉（2016年2月15日）

厚生労働省（2014b）. 家庭的保育事業等の設備及び運営に関する基準〈http://wwwhourei.mhlw.go.jp/cgi-bin/t_docframe2.cgi?MODE=hourei&DMODE=SEARCH&SMODE=NORMAL&KEYWORD=%89%c6%92%eb%93%49%95%db%88%e7%8e%96%8b%c6%93%99%82%cc%90%dd%94%f5%8b%79%82%d1%89%5e%89%63%82%c9%8a%d6%82%b7%82%e9%8a%ee%8f%80&EFSNO=1552&FILE=FIRST&POS=0&HITSU=3〉（2016年3月8日）

厚生労働省（2014c）. 日本における外国人の人口動態・外国における日本人の人口動態平成25年（2013）人口動態統計（確定数）の概況〈http://www.mhlw.go.jp/toukei/saikin/hw/jinkou/kakutei13/dl/12_betsu.pdf〉（2016年3月8日）

厚生労働省（2015a）. 地域子育て支援拠点事業実施状況（平成26年度）〈http://www.mhlw.go.jp/bunya/kodomo/pdf/gaido.pdf〉（2016年2月19日）

厚生労働省（2015b）. 地域子育て支援拠点事業の実施について〈http://www.mhlw.go.jp/file/06-Seisakujouhou-11900000-Koyoukintoujidoukateikyoku/0000103063.pdf〉（2016年2月19日）

厚生労働省（2015c）. 不妊専門相談センター事業の概要〈http://www.mhlw.go.jp/bunya/kodomo/boshi-hoken03/〉（2016年1月19日）

厚生労働省（2015d）. 子ども虐待による死亡事例等の検証結果等について（第11次報告）〈http://www.mhlw.go.jp/stf/seisakunitsuite/bunya/0000099920.html〉（2016年2月15日）

厚生労働省（2015e）. 日本における外国人の人口動態・外国における日本人の人口動態平成26年（2014）人口動態統計（確定数）の概況〈http://www.mhlw.go.jp/toukei/saikin/hw/jinkou/kakutei14/dl/12_betsu.pdf〉（2016年3月8日）

Levy, T. M. & Orlans, M. (1998). Attachment, trauma, and healing: Understanding and treating attachment disorder in children and families. Washington: Child Welfare League of America.（リヴィー T. M. ・オーランズ. M. 藤岡孝志・ATH研究会（訳）（2005）. 愛着障害と修復的愛着療法—児童虐待への対応　ミネルヴァ書房）

牧野カツコ（編著）（1996）. 人間と家族を学ぶ家庭科ワークブック　国土社

牧野カツコ（編著）(2008). 家庭科ワークブック人間発達と保育　東京書籍

松井豊 (2006). 恋愛の進展段階と時代的変化　齋藤　勇（編）イラストレート恋愛心理学―出会いから親密な関係へ　誠信書房　pp. 62-71.

松田道雄 (1973). 日本式育児法　講談社現代新書

目白大学心理カウンセリングセンター（不明）. 予約申込・料金〈http://www.mejiro.ac.jp/counseling/apointment.html〉(2016年2月24日)

ミネルヴァ書房編集部（編）(2012). 社会福祉小六法2012（平成24年版）　ミネルヴァ書房

森岡清美・塩原勉・本間康平（編）(1993). 新社会学辞典　有斐閣

守山正樹 (2002年). Wify―生活の中から言葉を育て，生活世界の多様性を学ぶ〈http://www.med.fukuoka-u.ac.jp/p_health/basic/pg-res.html〉(2011年6月10日)

Moriyama, M., Suwa, T., Kabuto, M., & Fukushima, T.（2001）. Participatory Assessment of the Environment from Children's Viewpoint: Development of a Method and Its Trial. Tohoku Journal Experimental Medicine, 193, 141-151.

無名舎出版（編）(1988). 雪国はなったらし風土記　無名舎出版

内閣府 (2015). 男女間における暴力に関する調査〈http://www.gender.go.jp/e-vaw/chousa/h11_top.html〉(2016年1月12日)

中村　敬（主任研究者）(2007). 地域における子育て支援サービスの有効活用に関する研究―サービス利用に関係する親の心理要因とサービス利用の積極性について　平成19年度児童関連サービス調査研究等事業報告書　財団法人こども未来財団

中島義明・安藤清志・子安増生・坂野雄二・繁桝算夫・立花政夫・箱田裕司（編）(1999). 心理学辞典　有斐閣

日本産科婦人科学会倫理委員会 (2013). 登録・調査小委員会報告（2011年分の体外受精・胚移植等の臨床実施成績および2013年7月における登録施設名）〈http://www.jsog.or.jp/activity/report.html〉(2016年1月19日)

日本産科婦人科学会倫理委員会 (2014). 登録・調査小委員会報告（2012年分の体外受精・胚移植等の臨床実施成績および2014年7月における登録施設名）〈http://www.jsog.or.jp/activity/report.html〉(2016年1月19日)

日本産科婦人科学会倫理委員会 (2015). 登録・調査小委員会報告（2013年分の体外受精・胚移植等の臨床実施成績および2015年7月における登録施設名）〈http://www.jsog.or.jp/activity/report.html〉(2016年1月19日)

西日本新聞 (2015). 肝っ玉母ちゃんザル「カラオケ」2匹の子育て奮闘中―大分市・高崎山 "育児放棄" に手差し伸べる　8月31日朝刊

西澤　哲 (1994). 子どもの虐待―子どもと家族への治療的アプローチ　誠信書房

NPO法人ウイズアイ (2014). 「新米ママと赤ちゃんの会」プログラム実施マニュアル（初版）　特定非営利活動法人ウイズアイ（自費出版）

NPO法人ウイズアイ (2015). 一時保育・定期保育〈http://with-ai.net/itijihoiku.html#あいあいサポート〉(2016年2月16日)

NPO法人家庭的保育全国連絡協議会 (2009). 家庭的保育ってどんな保育なの？〈http://www.familyhoiku.org/faq/〉(2016年2月16日)

岡堂哲雄 (1991). 家族心理学講義　金子書房

岡堂哲雄 (2000). 家族カウンセリング　金子書房

奥山千鶴子（2011）．地域の子育て家庭への支援　大豆生田啓友・太田光洋・森上史郎（編）よくわかる子育て支援・家族援助論　第2版　ミネルヴァ書房　pp. 42-43.

大豆生田啓友（2006）．支え合い，育ち合いの子育て支援―保育所・幼稚園・ひろば型支援施設における子育て支援実践論　関東学院大学出版会

太田光洋（2002）．“子育て支援”とは何か―子育て支援センターへのかかわりを通して，保育の実践と研究，6（4），10-19.

太田光洋（2011a）．保育所に在籍する子どもとその保護者に対する支援　大豆生田啓友・太田光洋・森上史郎（編）よくわかる子育て支援・家族援助論　第2版　ミネルヴァ書房　pp. 52-53.

太田光洋（2011b）．保育所の役割はどのように変わったか　大豆生田啓友・太田光洋・森上史郎（編）よくわかる子育て支援・家族援助論　第2版　ミネルヴァ書房　pp. 46-49.

大藤ゆき（1982）．子どもの民俗学――一人前に育てる　草土文化

Prior, V., & Glaser, D. (2006). Understanding Attachment and Attachment Disorders: Theory, Evidence, and Practice. Jessica kingsley Publishers.（プライア．V. ・グレイサー．D. 加藤和生（監訳）（2008）．愛着と愛着障害―理論と証拠にもとづいた理解・臨床・介入のためのガイドブック　北大路書房）

Richmond, M. E. (1922). What is Social Case Work? An Introductory Description. New York: Russell Sage Foundation.（リッチモンドM. E. 小松源助（訳）（1991）．ソーシャル・ケース・ワークとは何か？　中央法規）

佐藤孝道（2010）．不妊の病態　女性に寄り添う看護シリーズ②　不妊に悩む女性への看護―不妊の基本的な医学的知識と治療中の看護の実際　メディカ出版

Sheafor, B. W., & Horejsi, C. R. (2008). Techniques and guidelines for social work practice. 8th ed. Boston: Person Education, Inc.

外林大作・辻　正三・島津一夫・能見義博（編）（1981）　誠信心理学辞典　誠信書房

総務省統計局（2015a）．夫妻の国籍別にみた年次別婚姻件数〈http://www.e-stat.go.jp/SG1/estat/GL08020103.do?_toGL08020103_&listID=000001137969&requestSender=dsearch〉（2016年3月8日）

総務省統計局（2015b）．夫妻の国籍別にみた年次別婚姻件数百分率〈http://www.e-stat.go.jp/SG1/estat/GL08020103.do?_toGL08020103_&listID=000001137969&requestSender=dsearch〉（2016年3月8日）

総務省統計局（2015c）．夫妻の国籍別にみた年次別離婚件数及び百分率〈http://www.e-stat.go.jp/SG1/estat/GL08020103.do?_toGL08020103_&listID=000001137970&requestSender=dsearch〉（2016年3月8日）

杉渓一言（1988）．結婚カウンセリングのすすめ　日本家族心理学会（編）　家族心理学年報，6, 99-125.

鈴木るり子（2009）．生命行政の検証―岩手県旧沢内村（現西和賀町）の老人医療費無料化が村に及ぼした影響，厚生の指標，56（8），6-10.

高橋重宏（1994）．ウェルフェアからウェルビーイングへ―子どもと親のウェルビーイングの促進：カナダの取り組みに学ぶ　川島書店

高橋重宏（1998）．子ども家庭福祉論―子どもと親のウェルビーイングの促進　放送大学教育振興会

高橋重宏（2008）．子ども虐待―子どもへの最大の人権侵害　新版　有斐閣

東京都東村山市子育て総合支援センターころころの森（2016）．ころころおもちゃ箱あきつ〈http://r.goope.jp/corocoronomori/free/omotyabako〉（2016年2月19日）

宇野耕司（2012）．乳幼児を育てている養育者を対象とした日本における心理教育プログラム研究の展望―子育て支援心理教育プログラムのための6つの視座の提案，子ども家庭福祉学，12, 1-11.

宇野耕司（2013）．夫婦を対象とした予防的心理教育プログラムの開発評価　日本社会事業大学大学院社

会福祉学研究科博士論文（未公刊）.

宇野耕司（2015）. 初めて0歳児を持つ母親を対象とした効果的な「「新米ママと赤ちゃんの会」プログラムモデルの開発―実践家・利用者参画型によるプログラム開発の取り組みから, 目白大学心理学研究, 11, 15-27.

宇野耕司（2016）.「新米ママと赤ちゃんの会」プログラムの評価可能性アセスメント　目白大学心理学研究, 12.

宇野耕司・増田恵美子・遠藤みどり・蒲原真里子・黒田一美・伊藤孝子・宮崎彰恵（2016）. 初めて0歳児をもつ母親を対象とした「新米ママと赤ちゃんの会」プログラムの目標に関する検討―参加者が満足する理由から　保健師ジャーナル, 72（3）, 230-237.

山縣文治（2008）. 保育サービスの展開と地域子育て支援, 保育学研究, 46（1）, 62-70.

読売新聞（2013）. ママ癒す宿泊型施設　4月22日朝刊

若松素子・柏木惠子（1994）.「親となる」ことによる人格発達―生涯発達的視点から親を研究する試み. 発達心理学研究, 5（1）, 72-83.

Winnicott, D. W. (1987). Babies and their mothers. The Winnicott Trust.（ウイニコット. D. W. 成田善弘・橋本真弓（訳）（1993）. 赤ん坊と母親　ウィニコット著作集1　岩﨑学術出版）

宇野　耕司（うの　こうじ）

岡山県生まれ
目白大学人間学部心理カウンセリング学科専任講師
日本社会事業大学大学院社会福祉学研究科社会福祉学専攻博士後期課程修了
博士（社会福祉学），臨床心理士，社会福祉士

〈略歴〉

　　修士課程修了後，児童養護施設の入所児童の心のケアに関心があり，児童指導員として入職。児童養護施設では，子どもの心のケアだけでなく生活全体をみていくため，臨床心理士の専門性だけでは十分ではないと感じ，社会福祉士の資格も取得した。

　　現場の課題を解決するために，博士課程に進学。児童養護施設などから地域に戻った子どもが「誰かに安全で安心して頼れる社会」を目ざすべく，「子育てユニット」という概念を提唱し，実践研究に着手している。

　　その後，実践だけでなく実践と研究を結びつけ役立てていくことと，援助者を育てるために現職に就く。

　　現在の主な関心領域は，子ども家庭福祉領域における子どもと家族への心理的援助についての実践研究および実証研究。特に，プログラム評価の理論と方法論を援用し，子ども虐待の予防的心理教育プログラムの開発とその評価を行っている。児童養護施設における子どもと援助者への支援，地域子育て支援等の研究にも取り組んでいる。

〈主たる論文〉

宇野耕司（2012）．乳幼児を育てている養育者を対象とした日本における心理教育プログラム研究の展望―子育て支援心理教育プログラムのための6つの視座の提案，子ども家庭福祉学，12，1-11．

宇野耕司（2013）．夫婦を対象とした予防的心理教育プログラムの開発評価　日本社会事業大学大学院社会福祉学研究科博士論文（未公刊）．

宇野耕司（2015）．初めて0歳児を持つ母親を対象とした効果的な「新米ママと赤ちゃんの会」プログラムモデルの開発―実践家・利用者参画型によるプログラム開発の取り組みから，目白大学心理学研究，11，15-27．

宇野耕司（2016）．「新米ママと赤ちゃんの会」プログラムの評価可能性アセスメント　目白大学心理学研究，12．

宇野耕司・増田恵美子・遠藤みどり・蒲原真里子・黒田一美・伊藤孝子・宮崎彰恵（2016）．初めて0歳児をもつ母親を対象とした「新米ママと赤ちゃんの会」プログラムの目標に関する検討―参加者が満足する理由から　保健師ジャーナル，72（3），230-237．

ワークブック　はじめての子育てと子育て支援

2016年8月19日発行

著　者　宇野耕司
発行所　学術研究出版／ブックウェイ
　　　　〒670-0933　姫路市平野町62
　　　　TEL.079（222）5372　FAX.079（223）3523
　　　　http://bookway.jp
印刷所　小野高速印刷株式会社
©Koji Uno 2016, Printed in Japan
ISBN978-4-86584-181-7